河北经贸大学学术著作出版基金资助

生产线质量检验的优化及策略研究

STUDY ON THE OPTIMIZATION AND
STRATEGY OF QUALITY INSPECTION IN
THE MANUFACTURING LINE

陈振鹭◎著

中国社会科学出版社

图书在版编目（CIP）数据

生产线质量检验的优化及策略研究 / 陈振鹭著 . —北京：中国社会科学出版社，2022.8
ISBN 978-7-5227-0193-6

Ⅰ.①生… Ⅱ.①陈… Ⅲ.①生产线—质量检验—研究 Ⅳ.①F406.2

中国版本图书馆 CIP 数据核字（2022）第 076624 号

出 版 人	赵剑英
责任编辑	刘晓红
责任校对	周晓东
责任印制	戴　宽
出　　版	中国社会科学出版社
社　　址	北京鼓楼西大街甲 158 号
邮　　编	100720
网　　址	http：//www.csspw.cn
发 行 部	010-84083685
门 市 部	010-84029450
经　　销	新华书店及其他书店
印　　刷	北京君升印刷有限公司
装　　订	廊坊市广阳区广增装订厂
版　　次	2022 年 8 月第 1 版
印　　次	2022 年 8 月第 1 次印刷
开　　本	710×1000　1/16
印　　张	11.5
插　　页	2
字　　数	163 千字
定　　价	58.00 元

凡购买中国社会科学出版社图书，如有质量问题请与本社营销中心联系调换
电话：010-84083683
版权所有　侵权必究

目 录

第一章 绪论 ··· 1

    第一节 生产线质量检验问题的重要性 ································· 1

    第二节 生产线质量检验研究内容与结构 ································· 2

    第三节 本书创新点 ·· 6

第二章 国内外研究现状及相关概念理论 ······································· 7

    第一节 国内外研究现状 ··· 7

    第二节 相关概念理论 ·· 19

第三章 串行生产线线上质量检验站的优化设置 ································· 36

    第一节 串行生产线中，线上质量检验站优化设置的
             问题描述 ··· 38

    第二节 合格品单位成本最小时，线上质量检验站的
             优化设置 ··· 41

    第三节 检验错误存在时，线上质量检验站的优化设置 ······ 56

    第四节 数值算例 ·· 58

    第五节 本章小结 ·· 61

第四章 生产线线下质量检验的优化策略 ······································· 63

    第一节 线下质量检验的优化分析和一般模型 ····················· 66

    第二节 检验时间可忽略且生产波动性存在时的线下

　　　　　　　质量检验策略 …………………………………………… 73
　　第三节　检验时间不可忽略且生产波动性存在时的线下
　　　　　　　质量检验策略 …………………………………………… 93
　　第四节　数值算例 ………………………………………………… 95
　　第五节　本章小结 ………………………………………………… 105

第五章　生产线线上和线下质量检验的拓展研究 ………… 107

　　第一节　生产线线上和线下质量检验的综合策略 ………… 108
　　第二节　串并混合型生产线线上质量检验的优化设置 ……… 125
　　第三节　数值算例 ………………………………………………… 138
　　第四节　本章小结 ………………………………………………… 140

第六章　生产线质量检验研究结论及前景概述 …………… 142

　　第一节　生产线质量检验的主要研究成果 ………………… 142
　　第二节　生产线质量检验的研究展望 ……………………… 143

参考文献 ……………………………………………………………… 160

第一章 绪论

为了推进质量发展、建设质量强国,中国政府批准并设立了中国质量奖。该奖项是由国家质检总局负责组织评选和实施的,是我国在质量领域的最高政府性荣誉。国务院总理李克强在2016年3月29日召开的第二届中国质量奖颁奖大会上作出批示:质量发展是强国之基、立业之本和转型之要。要大力实施质量强国战略,坚持改革创新,加强政策引导,把提升质量作为推动供给结构、需求结构升级的重要抓手,为加快发展新经济、培育壮大新动能、改造提升传统动能提供有力支撑;同时,要强化监督管理,健全质量标准,严厉打击各类质量违法行为,维护群众健康安全和合法权益。弘扬工匠精神,勇攀质量高峰,打造更多消费者满意的知名品牌,让追求卓越、崇尚质量成为全社会、全民族的价值导向和时代精神。

第一节 生产线质量检验问题的重要性

近年来,质量在我国的各行各业中受到了前所未有的重视。

从大环境上看,中国规模和中国速度全球闻名,但是要实现从制造业大国向制造业强国的转变,还需要促进国家质量水平的整体提升。因此,不仅企业和员工要树立质量为王的理念,还要有有效的质量管理体系和质量管理模式作为保证,更要在全社会中形成追求和重视产品品质的风气。因此,我国设立的国家质量奖,不仅能极大地增强企业的质量责任感和勇于竞争的信心,而且还能起到巨大的带动和示范作用，激励更多的企业在质量上追求卓越，促进国家质量水平的整体提高。

从小环境上看，随着市场竞争越来越激烈、生产系统越来越复杂，对产品的高质量和低成本的需求也就越来越强烈。生产出消费者乐意购买并愿意持续购买的质量过硬的产品是企业的首要工作。一旦能够经济有效地制造高质量的产品，企业就将赢得利润。高质量降低了产品因退货、返工以及报废所产生的损失成本，同时还可以提高生产率、利润以及衡量成功的其他指标。因此，对任何一家企业而言，质量是其在激烈的市场竞争中，打败对手、成为行业领军的重要因素之一，好的质量就会有好的口碑，就能建立起消费者的忠诚度。因此，如何有效地对产品的质量和成本进行控制已成为企业管理者的一项重要任务。

在制造型企业中，对质量的控制就是对生产现场的控制。产品来自生产线，产品的质量也起源于生产线。由于生产过程的复杂性、动态性和随机性，做好生产线质量控制是根本性的改善途径。因此，如何有效地控制生产线质量水平一直是制造型企业管理者的重要任务之一，而质量检验是其中必不可少且至关重要的环节。如何有效地运用生产线中的资源，减少不必要的检验，减少或消除从生产线中流出的缺陷品，一直是质量管理中的一个重要问题，与企业的经济效益密切相关。在质量成本中，检验成本往往占很大的份额，通过合理确定检验工作量，对降低质量成本具有重要意义。因而，企业的质量检验工作在任何情况下都是完全必要的、不可缺少的，必须考虑采用何种质量检验策略综合效益最好。

第二节　生产线质量检验研究内容与结构

本书以质量检验领域中的两类质量检验策略（线上质量检验和线下质量检验）为研究对象，以实际应用为背景，结合生产线的特点和现有的研究文献,建立了新的质量检验设置及策略模型。本书的研究内容,丰富并扩展了质量检验方面的研究,并有助于企业管理者进行生产决策。

一 线上质量检验和线下质量检验概述

线上质量检验和线下质量检验的区别在于何时对产品进行质量检验。前者是产品在生产过程中进行检验,而后者则是产品在生产完成后进行检验。

线上质量检验是产品在生产进行的同时执行全数检验(100%检验),以确保产品质量符合要求。在生产过程中,缺陷品的再加工会造成生产资源的浪费,线上质量检验就是要及早发现含有缺陷的在制品,采取适当的处理措施,以确保产品的质量并减少生产资源的浪费。生产线中的线上质量检验站设置策略就是在各项成本之间寻找平衡,以使成本降低并使期望获利达到最高或合格品的单位成本达到最低。因此,在生产线中,确定线上质量检验站的数量和位置是一项十分重要的决策,从而达到低成本高质量的目标。

线上质量检验被广泛地认为是经济有效的质量保证策略,但是在一些情况下,执行该策略是不可行的。Raz等(2000)举了一个实际例子,他们的研究对象是某食品企业中的一条需要进行巴氏杀菌的生产线,该生产线生产的主要产品是灌装的罐头肉类。这一类食品的质量特性要求之一就是脂肪浓度不能超过法律规定的阈值。通常情况下,这一指标值只能在实验室中通过样本分析获得。在一批次产品的生产过程中,灌装时间可持续几个小时,在此期间脂肪浓度可能会发生变化,如第一个灌装产品符合质量特性要求,而该批次的最后一个产品的该指标值超过阈值,即不达标;这就说明,生产线的生产状态在生产过程中发生了状态转移。因而,在某些生产环境下、在部分生产过程中或者针对具有特殊质量检验要求的产品,执行线上质量检验是不经济和不实际的,只能进行线下质量检验。

对于任意一条生产线,产品始终按照生产顺序排序。为了充分说明生产线的质量情况，通常采用的是两状态的马尔可夫链，即可控状态（in-control）和不可控状态（out-of-control）来描述。当不存在生产波动性时，生产线处于可控状态时只生产合格品，处于不可控状态时只生产缺陷品。生产开始前，生产线处于可控状态；一旦生产线进入不可控状态，则一直保持在该状态直至生产结束。每生产一个产品，生产线就存在一定的概率 $1-p$（p 表示生产某一产品时，生产线处于可控状态的概率），从可控状态转移到不可控状态；当状态转移发生时，正在生产的产品就称为转移单元（Transition Unit，TU）。为了获得完整的产品质量信息，寻找状态转移点就变得尤为重要，即只要找到第一个缺陷品（转移单元），此时质量检验就可停止。此时，只需接收转移单元之前的所有产品并拒收剩余所有产品即可。因此，质量检验问题就变为需要进行多少次检验才能找到转移单元以使总成本最少。这样的问题就是线下质量检验研究的内容。

二　研究内容

本书主要研究了生产线质量检验的优化设置及策略，主要研究内容包括四个部分，分别对应于本书的第三章至第五章。

第一章为本书的绪论部分，主要介绍了本书的研究背景与意义，总结了本书的主要研究内容，并给出了整体结构安排及创新点。

第二章主要介绍了与本书研究内容相关的国内外研究现状及理论。通过对国内外研究现状的总结和分析，引出了质量检验建模的发展趋势。

第三章（主要研究内容一）以串行生产线为研究对象，综合考虑串行生产线中缺陷品的转序成本及前后工序之间的关联性，通过对线上检验站设置的经济性分析，给出了生产线流通合格率的计算方法；将生产线总成本最小和生产线流通合格率最大两个目标函数合二为一，以单位合格品成本最小为目标，建立了串行生产线中线上质量检验站的优化设置模型，求解出生产线中最优的线上检验站数量和位置，给出了模型算法。通过引入检验错误这一影响因素，以总成本最小为目标，在缺陷品不报废的前提下，建立了线上质量检验站的优化设置模型，并给出了流通合格率的计算方法。

第四章（主要研究内容二）以线下质量检验策略的一般模型为基础，考虑了生产波动性的存在对线下质量检验策略的影响，根据非等分分治算法，提出了新的线下质量检验策略。当检验时间可忽略时，提出了三种先验信息模式；对于待检产品集合，在已知紧前产品质量信息的条件下，给出了 9 种不检策略。通过引入参数 α（产品产自可控状态的置信度），以总成本最小为目标，给出了三种先验信息模式下的线下质量检验策略，证明了每执行一次该检验策略，待检产品集合可从 1 开始按顺序重新编号，即确保了在每个新的待检产品集合中，生产第 1 个产品时生产线都处于可控状态，从而降低了由于生产波动性造成的质量信息的复杂性。给出了相应的停检规则和执行流程。当检验时间不可忽略时，给出了线下检验次数和总成本的计算方法。

第五章（第一节，主要研究内容三）以线上质量检验站的设置模型和线下质量检验中的不检策略为基础，以总成本最小为目标，从三个方面建立了线上和线下质量检验的综合策略模型。

（1）若生产波动性不存在，当每个工作站中都设置检验站时，建立了综合策略的全数检验模型。在该模型中，求解出执行线上质量检验的最优产品数量 n_i，并对剩余产品执行线下质量检验策略中的不检策略。给出了相应的流通合格率的计算方法。

（2）将线上和线下质量检验的综合策略视为一个整体，提出了检验站设置模型，求解出生产线中最优的检验站数量和位置以及执行线上质量检验的最优产品数量，给出了流通合格率的计算方法。

（3）当生产波动性存在时，在综合策略全数检验模型的基础上，建立了新的模型，并求解出在每个工作站中执行线上质量检验的最优产品数量。

第五章（第二节，主要研究内容四）以串并混合型生产线为研究对象，以总成本最小为目标，建立了线上质量检验站的优化设置模型，从而可以求解最优的检验站数量和位置。其次，为抑制缺陷品从串并混合型生产线中流出，建立了全数检验时的缺陷品处置模型（返工或报废）。最后，综合考虑线上质量检验站设置和缺陷品处置模型，建立了以总成本最小为目标的综合策略模型。

第六章是全书的总结，并且阐述了进一步研究的可能方向。

第三节　本书创新点

本书针对生产线线上和线下质量检验的优化设置及策略进行了研究，主要的创新点总结如下：

（1）建立了串行生产线线上质量检验站的优化设置模型，给出了相应的生产线流通合格率的计算方法和模型算法；建立了检验错误存在时的线上质量检验站的优化设置模型，给出了相应的生产线流通合格率的计算方法。

（2）提出了三种先验信息模式，给出了9种不检策略；引入了参数 α（产品产自可控状态的置信度），建立了生产波动性存在时的线下质量检验策略；证明了在每个新的待检产品集合中，生产第1个产品时生产线都处于可控状态；给出了相应的停检规则和执行流程；当检验时间不可忽略时，给出了线下检验次数和总成本的计算方法。

（3）若生产波动性不存在，建立了全数检验时的线上和线下质量检验的综合策略模型，给出了相应的流通合格率的计算方法；将线上和线下质量检验的综合策略视为一个整体，提出了检验站设置模型，给出了相应的流通合格率的计算方法；若生产波动性存在，建立了全数检验时的线上和线下质量检验的综合策略模型。

（4）建立了串并混合型生产线的线上质量检验站的优化设置模型；建立了全数检验时的缺陷品处置模型（返工或报废）；综合考虑线上质量检验站设置和缺陷品处置模型，建立了以总成本最小为目标的综合策略模型。

第二章 国内外研究现状及相关概念理论

生产线质量检验是保证产品质量的重要措施之一，用以满足人们对产品越来越严苛的质量需求。本章首先根据本书的研究方向，阐述了与生产线线上检验和线下检验相关的已有研究成果，对国内外的研究工作进行了综述；之后给出了在本书研究过程中会应用到的一些相关概念和理论。

第一节 国内外研究现状

近几十年来，产品质量日益受到人们的重视，研究内容涉及多方面（如抽样检验、质量控制图、质量功能展开图等），其中各国学者对如何在生产线中对产品的质量进行控制进行了大量的讨论和研究。在本节中，分别针对线上检验、线下检验、生产线线上和线下质量检验综合应用以及生产系统相关概念四个方面的研究动态及主要研究成果给予说明。

一 生产线线上质量检验的研究现状

Raz 等（2000）、Wang 和 Chuang（2011）等学者指出，执行线上质量检验比线下质量检验更加经济有效。Deming（1986）提出了一个以抽样率最优为目标的成本模型，该模型的结果显示，所有产品都应平等对待，即应对所有产品进行检验或者每个产品都不进行检验。Lorenzen（1985）同样证明，由成本模型决定的不检或者全数检验策略是最优的。因此，当最优检验策略为全数检验时，应进行线上检验。Vander 和 Vardeman（1994）指出，抽样检验永远都不是成本效率最高的检验策略。Tuominen（2012）根据德国汽车厂焊接装配线的质量成本信息，对抽样检验和线上质量全数检验的经济效果进行了比较。结果表明，无论抽样率的大小，线上质量全数检验的成本效率始终大于抽样检验。

国外学者最早开始对线上质量检验的相关问题进行研究。Barlow 等（1963）通过固定的检验成本和惩罚成本来解决这个问题，找到了一系列检验点使总成本最少。Pruzan 和 Jackson（1967）提出了两种动态规划模型，他们的问题是如何在生产线上选择节点对产品进行全数检验以使生产线总成本最小，这些成本包括检验成本、缺陷品的返工成本以及缺陷品流入市场的损失成本，通过比较预期可获得的收益和方案实施的成本选取最优解。Munford 和 Shahani（1972）同样是在检验费用和损失费用之间寻找平衡点，与 Pruzan 和 Jackson（1967）不同的是，他们的目标是确定相邻两个检验点之间的时间间隔。Raouf 等（1983）首次给出了通过最小化单位接收产品的成本来确定线上检验站最优个数的模型。Elshafei 等（2006）使用动态规划研究质量检验站设置问题。Mohammadi 等（2018）针对零部件检验问题提出一个双目标的混合整数线性规划模型，以实现总成本的最小化和顾客满意度的最大化。

Maghsoodloo（1987）在研究中指出了检验错误对线上检验的影响。Duffuaa（1996）、Duffuaa 和 Gaaly（2017）等学者讨论了检验错误对线上重复全数检验策略的影响。Duffuaa 和 Khan（2005）从检验错误对生产线线上质量控制的影响角度进行了讨论，量化了影响程度的大小并进行了灵敏度分析。Tang 和 Schneider（1987）的研究是在检验错误存在的情况下，提出了针对具有单一质量特征的产品如何设置线上检验站的问题，其中还包括返工台的设置问题，通过限制单位产品的成本建立了相应的模型，并与没有考虑检验错误的模型进行了比较。

Eppen 和 Hurst（1974）研究了在多阶段生产线中检验站设置的

问题，为了兼顾生产、检验效率和经济效益，平衡检验费用、损失成本、生产成本和收益之间的关系就变得十分重要。Liou 等（1994）讨论了在一般情况下，如何确定检验站数量和位置的问题。Rakiman（2013）、Rakiman 和 Bon（2013）等学者以生产时间为依据，建立了检验站设置模型，但经过试验发现检验站数量的减少并没有使生产总时间降低。Gershwin（2006）强调了恰当地设置检验站的重要性以及对生产线的影响。假设在一条生产线中有 15 个子工序，由于检验站不合理的设置造成的产品报废数量要比合理安排检验站的报废数量高出 15%。Moustafa 等（2013）使用动态规划研究质量检验站设置问题。McMullen（2013）针对生产站检验设置问题给出了算法并进行了灵敏度分析。Rezaei-Malek 等（2019a）通过寻找恰当的检验时间点和正确的检验位置，以满足系统最大生产效率和最小总成本的需求。

Tannock（1995）应用仿真方法对生产线检验站设置模型进行研究，通过对比不同设置方案产生的生产时间的长短进行选择。Rakiman（2013）用仿真的方法对生产线中的检验站进行设置。由于不断增长的生产系统设计的复杂性、动态化和随机性，仿真被认为是一种日益重要的计算机辅助工具。仿真也是一种建模，会给制造系统和生产线带来很大的好处。在这个模型中，不同的设置方案会产生不同长短的生产时间，通过对比选择最优；这是与之前所有模型的最大不同。Tirkel 和 Rabinowitz（2014）通过仿真模型，针对检验能力和检验效率对成本的影响进行了研究分析，结果表明，检验能力越高，检验的最优效率就越高，生产损失就越少。

Ercan 等（1974）简化了生产线的中间过程，将产品进入生产线之前和经过生产后的合格数列为限制条件，最小化生产线的总损失作为目标函数。在 Hwang 和 Singh（1998）的模型中，由于每阶段的生产能力不确定，因而其产出的产品数量也是随机的，因此在第 i 个生产阶段生产结束后，第 $i+1$ 个生产阶段就应立刻决定需生产产品的数量。在该模型中，除了考虑生产不确定性，还考虑了成本和需求的不确定性，以达到经济生产的目的。当把 Hwang 和 Singh（1998）模型中的参数（除过剩成本和短缺成本以外）归零后，可以发现 Lee 和 Yano（1988）的模型是该模型的一个特例。Shetwan 等（2011）给出了详细的线上质量检验流程图。Mehrdad 等（2018）针对零部件检验问题提出一个双目标的混合整数线性规划模型，以实现总成本的最小化和顾客满意度的最大化。Kuo 和 Kusiak（2019）给出了部分生产线线上质量检验方法综述及未来研究发展方向。

从国内来看，银路等（1992）和关晓光（1993）等学者通过比较每道工序的总检测费用和总损失费用来确定是否设置检验站，但没有考虑工序间的关联性。王刊良和徐寅峰（1999）利用图论理论，建立了评价检查站系统效率的模型，并给出了一种求解此模型的启发式算法。周欣和霍佳震（2007）建立了基于供应链的多过程质量检验点设置问题的优化分析模型，给出了相应的计算机处理流程图。刘长庚和周兆英（2000）讨论了在每个生产阶段后设置一个或多个检验站的情形，并利用模拟退火算法求解问题的最优解。牛青等（2014）提出了一种基于质量因素二分法的多因素工序质量诊断算法。该算法将质量因素集合逐次进行折半划分，构造出根据质量因素集合划分而得到的完全二叉树。实践证明，该方法在诊断某一质量因素是否异常时，可以使控制图之间比较的次数大幅度减少，能够显著缩短诊断周期，提高诊断效率。张文博（2017）从流程优化的角度对质量检验过程进行分析。

二 生产线线下质量检验的研究现状

虽然线上质量检验被广泛认为是有效和经济的质量保证策略，但是在一些情况下，执行线上检验是不可行的。如在对罐装食品进行质量检验时，只能进行线下质量检验。

对于一条不可靠的生产线，学者通常用两种状态的马尔可夫链来描述（Hassin，1984；Porteus，1986，1990；Raz 等，2000；Wang，2007），即生产线可以分为两种生产状态——可控状态和不可控状态，生产线会以一定的概率在生产某一产品时从可控状态转移到不可控状态。一旦生产线进入不可控状态，则生产线会处在该状态直至生产结束。如果生产线不具有波动性，则可控状态生产的产品全部是合格品，不可控状态生产的产品全部是缺陷品。当生产状态发生转移时，正在生产的产品就是转移单元。

一些学者首先对如何通过最少的检验次数找到转移单元进行了研究。Hassin（1984）是第一个对线下质量检验进行研究的学者，他在已知最后一个产品是不合格品和生产过程失效率是常数的情况下，提出了一种最优动态搜寻策略，整个搜寻过程直到找到转移单元为止；He 等（1996）在 Hassin（1984）研究的基础上，将问题扩展到在最后一个产品的质量状况未知的情况下，如何寻找转移单元。确定第一个需要检查的产品，可以避免时间拖延或者时间闲置。这两位学者并没有将成本考虑在内。Herer 和 Raz（2000）讨论了如何用最小的成本找到转移单元。

在 Hassin（1984）和 He 等（1996）等学者之后，大部分学者的研究目标不再局限于寻找转移单元，而转为成本最小化。Raz 等（2000）为线下检验的研究提供了新的方向，他们通过使检验成本和惩罚成本最小化来寻找检验策略，其中根据待检产品集合中最后一个单元的质量信息，提出了不检策略和线下检验策略。根据 Raz 等（2000）提出的检验策略，考虑到成本效益，整个检验流程甚至可以不必找到转移单元就可提前结束。Raz 等（2000）的文章具有独创性的贡献，给出了该问题的一般模型，提供了线下检验模型研究的基础。其他研究者在考虑不同假设的情况下，对 Raz 等（2000）的检验/处置策略模型进行了广泛的研究（Wang 和 Chien，2008；Wang 等，2009；Tsai 和 Wang，2011）。Finkelshtein 等（2005）在成本最小化的基础上对 Raz 等（2000）的模型进行了扩展。Wang 和 Meng（2009）给出了总成本优化模型，通过数值案例将该模型与不检策略、全检策略和后部检验策略进行比较。Bendavid 和 Herer（2008）从另一个角度对 Raz 等（2000）的模型进行了拓展，讨论了当生产波动性存在时的线下检验策略。

在上述文献中，都假设执行检验时没有发生错误，然而在现实操作中，检验错误的发生不可避免。由于检验错误的存在，即使对所有产品都进行检验，检验结果仍不可能准确地反映出每一个被检产品的真实质量状态，从而也无法确定转移单元的位置以及生产线的真实状态。由此，Tzimerman 和 Herer（2009）讨论了当检验错误存在时，如何依据某一特定的置信度用最少的检验次数找到转移单元。Herer 和 Raz（1997）讨论了当以固定时间周期对产品进行检验时，检验错误的存在对检验间隔周期长短的影响。Sheu 等（2003）在 Raz 等（2000）模型的基础上，加入了对检验错误的讨论，但是很遗憾，他们的结果是错误的，这一问题被 Wang（2007）指出并提出了一个修正的最优策略。Chun（2008）也在 Raz 等（2000）的模型基础之上对两类检验错误进行了讨论。Sarkar 和 Saren（2016）针对存在检验错误的制造系统提出了最优检验策略，并通过设定恰当的保修成本来降低检验成本。

在 Raz 等（2000）的文章中，没有考虑缺陷品进行返工的可能性。但在现实生产线中，返工在消除浪费和降低生产成本中充当重要角色。Wang 等（2009）同样是对 Raz 等（2000）的文章进行了扩展，并在对线下检验问题进行讨论的同时加入了对返工的考虑。他们假设缺陷品中一部分可以进行返工，而剩余的缺陷品只能报废。在该模型中，不仅可以确定在什么位置进行第一次检验，并且可以求出在某一批次中需要检验的次数，并用算例说明当状态转移概率服从离散 Weibull 分布时，参数发生变化时对最优方案的影响。

为了使总成本最优，学者对生产/检验批量的大小也做了讨论。Herer 和 Raz（1997）的研究成果是开创性工作之一。他们应用动态规划的方法，给出了最优检验批量大小和最优检验次数。Anily 和 Grosfeld-Nir（2006）给出了每一轮生产过程的最优检验策略和最优批量大小。

Inman 等（2013）对有关于生产线线下质量检验的研究做了较

为详尽的文献综述。

三 生产线线上和线下质量检验综合策略的研究现状

将线上和线下质量检验综合在一起进行研究的文献，目前可查询的只有 Wang 和 Chuang（2011）的模型，他们讨论了当对产品进行破坏性检验时的线上和线下质量检验策略，目标为确定最优的检验时间间隔。文中分两步使用线上和线下质量检验策略，线上检验按固定检验周期进行检验，而在线下检验中借用 Raz 等（2000）提出的不检策略。陈振鹭（2017）从非破坏性检验的角度对该模型进行了扩展。此外，在 Hossain（2016）、Hossain 和 Sarker（2016）等学者的文章中，假设在生产线的末端设有检验站，对不合格品应在线上还是线下返工进行了讨论。

四 生产系统相关概念的研究现状

（一）生产线结构

产品是由原材料在一条多阶段的生产线上，经过一系列的生产处理而形成的。生产线的结构可以表示为以下三种形式：串行生产线、装配线和非串行生产线。Shiau（2002）指出，在串行生产线中，原材料经过按顺序排列的若干生产阶段后变为产成品；装配线中，在某一固定的生产阶段，来自不同生产线的产品进行组装和装配（Penn 和 Raviv，2007；Deliman 和 Feldman，1996）；既不是串行生产线也不是装配线的生产线，统一归类为非串行生产线（Emmons 和 Rabinowitz，2000）。

Rebello（1992）对串并混合型生产线的检验站设置问题进行了研究。Hossain 和 Sarker（2016）、Hsu 和 Tapiero（1994）研究了柔性生产线中检验站和返工站的设置问题。Azadeh 等（2017）讨论了单元制造系统产品质量检验问题。

（二）检验时间

在生产过程中，检验时间对生产总成本起着重要作用。Hsu 和 Tapiero（1994）认为，为了使模型更贴近实际情况，检验时间不可忽略。Luss 和 Kander（1974）、Braglia 和 Zavanella（1994）指出，检验时间作为控制变量影响了检验出缺陷品的概率。在大多数的参考文献中，每个检验站的检验时间都是由检验成本来表示的（Shiau，2003a，2003b；Shiau 等，2007）。在 Lee 和 Unnikrishnan（1998）的模型中，作者以总成本作为目标函数，将检验时间列为限制条件；结果表明，当考虑检验时间时，检验次数变少。Shin 等（1995）研究了检验时间的变化对生产线产出量的影响，结果显示当在生产线中设置较多的检验站时，生产线"瓶颈"时间就会变小。Mohammadi 等（2015）提出的模型解决了两个问题：①质量特性与检验方式的匹配问题；②质量特性与检验时间的匹配问题。该模型需要处理生产成本（包括生产、检验和报废成本）和顾客满意度之间的平衡关系。

（三）缺陷品和不合格品

defective、defect、fault、flaw、non-conformities、non-conforming 是外文文献中用来描述产品"有缺陷""不合格"经常使用的几个词汇，不少学者在使用这两个词汇时不加区分，非常容易产生困扰。"有缺陷""不合格"都与产品质量的认定密切相关，但二者是有区别的，这种区别对于如何对产品进行处置来说是重要的。

在国内相关参考文献（何新容，2003；黄培东，2015；李胜利和周军，2001；唐启光和孙加锋，2001；肖强和潘志成，2002）中，对于产品"有缺陷""不合格"主要有两种不同的观点：一种认为不合格的产品不一定存在缺陷，有缺陷的产品一定是不合格品；而另一种是认为不合格的产品一定存在缺陷，有缺陷的产品不一定是不合格的。持有第一种观点的大多是来自法律领域的学者，即产品质量不合格的内容范围涵盖了产品缺陷。在生产实践中不应存在产品既是缺陷又属质量合格（俗称"合格的缺陷品"）的现象；否则，相关质量法律法规将无法有效对接，质量监管必将出现断裂和脱节。第二种观点更多地来自实际应用过程中的企业界，即合格与不合格的判断标准是以缺陷的可接受程度为依据。

本书秉承第二种观点。在生产线检验中，只有发现了产品存在的缺陷，才能将该产品判定为不合格品，继而选择可以采取的处置措施。在本书中对缺陷品的处置措施包括返工和报废。因此当生产线中不存在返工台时，检验出的缺陷产品即为不合格品，需要报废；当生产线中存在返工台时，检验出的缺陷产品如可继续加工的尺寸超差、产品表面划痕等称为轻微不合格品，可以采取返工措施；检验出的缺陷如不可继续加工的尺寸超差、直角变为倒角等称为严重不合格品，无法返工只能报废。因此，对于可返工的不合格品，在本书中称为缺陷品，产品返工后变为合格品；对于不可返工的不合格品，继续称为不合格品。

在某一生产阶段中，一个产品变为缺陷品的可能性即为该生产阶段的不合格品率，可能是常量也可能是变量（Shiau，2002）。在检验过程中，缺陷类型针对的可能是单一特性的也可能是多个特性。在检验站设置问题中，大多数参考文献中（Bettayeb 和 Bassetto，2016；Chun，2015），都假设每个生产阶段会以一定的概率生产出缺陷品，并会以一定的成本执行返工或者报废。

（四）产品返工和报废

ISO9000：2015 标准中对返工和返修的定义分别是：返工（rework）是指为使不合格产品符合要求而对其所采取的措施；返修（repair）是指为使不合格产品满足预期用途而对其所采取的措施。

根据标准中定义，返工是把不合格品变成合格品，对产品任何部分都没有影响，应该由工艺部门来处理；而返修是对无法返工的产品做出额外修补以满足预期用途的修复措施，应该由产品设计部门来处理，而工艺部门无权自行处理，返修影响或改变不合格产品的某些部分，仍属不合格品。在本书中只讨论返工，如果产品无法返工，则报废。

在检验过程中，一旦发现产品不符合质量特性要求，则应对其进行返工或者报废处理（Tsai 和 Wang，2011；Wang 等，2009；Raviv，2013）。Hong（1998）指出，在进行全数检验时，如果一个产品未能达到质量要求，则拒收该产品并从生产线移除。当缺陷品未被检出而在生产线上继续加工生产时，可以引起延时或生产线拥堵，也会花费更高的代价在后续生产阶段返工。Hsu（1984）、Hsu 和 Tapiero（1994）、Chen 等（1998）给定了返工率，Barad（1990）、Narahari 和 Khan（1996）采用了一种随机方法，在该方法中假定缺陷品可以一定的概率进行返工。若缺陷品在生产线中不进行返工，则由于检验站的存在，生产线的产量会大大降低。实际生产中，在制定生产计划时，生产批量大小应大于生产需求以满足生产计划，防止交付延期。

Gupta 和 Chakraborty（1984）提出了一个求最优批量的模型，不合格品会从最后一个生产阶段返回到第一个生产阶段进行返工，但是在他们的模型中没有考虑返工成本。Sarker 等（2008）的模型中假设对不合格品的返工发生在每一个生产阶段的末尾。Jamal 等（2004）假设所有的不合格品都需要进行返工，且返工后即为合格品。

Yang 和 Cho（2014）通过一个实际案例说明当检验存在错误时，如何在生产线上设置检验站和返工台的问题。他们提出，在一个企业中，通常会有三种类型的产品：刚生产完成的产品、被返工或报废的产品和从消费者处召回的产品。文中假设生产线有 K 个生产阶段且每个生产阶段都设有检验站并可进行返工，检验和返工都会出现错误，返工后的产品需要再次进行检验，作者将这种模型称为 K-IR 模型。他们的目标是提出一个模型用最少的重复检验次数使检验成本和返工成本总和最小。Ullah 和 Kang（2014）综合考虑了产品返工、报废、检验等因素，提出了一种更加现实的模型，结合在制品库存问题提出了与批量大小和总成本相关的模型。他们从产品的单位操作时间的角度出发，依次求出单位产品的生产成本、生产线生产周期长以及在生产过程中出现的各种成本。通过对总成本的求导求出最优生产批量的大小。Taleizadeh 等（2019）讨论的问题更为复杂：当多种产品使用同一条生产线组织生产时，如何设置检验站及返工台。

（五）检验错误

完美检验（检验无错误）的假设可以简化质量检验过程和策略，但在实际操作过程中，检验错误难以避免。因此，学者将检验错误纳入了研究范畴，针对检验错误在生产线产品质量控制过程中产生的影响进行研究。

一般情形下，会发生两类错误：第一类检验错误和第二类检验错误。第一类检验错误是把合格品视为缺陷品，称为生产者风险；第二类检验错误是把缺陷品视为合格品，称为消费者风险。通常，第二类检验错误带来的后果更严重。

Hurst（1973）给出了接收产品是合格品的概率公式。在他的文章中，如果一个产品是合格品，那么有 g_n 的概率被误认为是不合格品；如果该产品是不合格品，那么有 h_n 的概率被误认为是合格品。如果一个产品的合格率为 p，那么接收一个产品的概率 $A_n(p)$ 为：

$$A_n(p) = p(1-g_n) + (1-p)(1-h_n) = (1-h_n) + p(h_n - g_n)$$

根据贝叶斯修正概率，可知接收的产品是合格品的概率为：

$$Q_n(p) = \frac{p(1-g_n)}{A_n(p)}$$

用 $D_n(p)$ 表示不设置检验站所花费的成本，用 $I_n(p)$ 表示设置检验站的成本，则目标函数总成本 $T_n(p)$ 为：

$$T_n(p) = \min_{1 \leq n \leq N} [D_n(p), I_n(p)]$$

该方法的缺陷是分别对每阶段是否设置检验站进行比较并做出判断，而忽略了生产线的整体状态，具有一定的局限性。

在考虑出现检验错误的生产线质量控制问题时，需要考虑以下几种成本，即错接不合格品的成本、错拒合格品的成本、产品报废的相关成本和检验成本。

Collins 等（1973）考虑了检验错误对平均出厂质量（Average Outgoing Quality，AOQ）和平均总检验数（Average Total Inspection，ATI）的影响。在他们的方法中，检验结果为不合格的产品将会进行返工，并且返工后的产品还要再次检验并且仍存在检验错误的可能性。这与 Davis（1966）、McKnight（1967）、Wang（2007）给出的模型的最大区别在于，在后者的模型中，检验结果为不合格的产品返工后再进行的检验为完美检验。在 Raz 和 Bricker（1993）、Ding 等（1998）的文章中，检验结果为不合格的产品并不立刻报废，而是在生产线上继续流转直至下一个检验站，这样做是为了减少因为检验错误而带来的损失。Avinadav 和 Sarne（2012）的工作与 Raz 和 Bricker（1993）的工作极为相近，如果生产线中有 N 个阶段，因每个阶段的检验站都有设置与不设置两种选择，则检验站设置的选择方案共有 2^N 种，他们针对检验站的设置问题提出了一种算法。Dorris 和 Foote（1978）、Jamkhaneh 等（2011）对两类检验错误分别进行了讨论；Rebello（1992）、Rebell 等（1995）、Tannock（1995）只考虑其中一种检验错误。

Herer 和 Raz（1997）提出一种更广义的检验错误。他们将生产线的生产状态视为一个两状态的马尔可夫链，分别为"工作"和"不工作"两个状态。当生产线处于"工作"状态时，生产的产品符合质量特性要求；当生产线处于"不工作"状态时，生产的产品为不合格品并且后续生产的产品均认为是不合格品，这些不合格品以一定的成本返工或报废。生产线可以在任何时刻由"工作"状态转移成"不工作"状态。一旦生产线处于"不工作"状态，直至进行检验之前生产线的状态不会发生变化。这时，检验就会发生两种错误：将生产线处于"工作"状态误判为处于"不工作"状态，或反之。一旦通过检验发现生产线处于"不工作"状态，即无论是否误判，都会对生产线进行重置到"工作"状态并认为是完全可靠的，否则不会进行任何操作直至到达下一个检验时刻。生产线将会以固定的时间间隔 T 进行检验。Herer 和 Raz（1997）的目标函数为求解最优的时间间隔 T^* 使单位产品的平均总成本最小。Ben-Daya 等（2006）也做了类似的研究，在他们的模型中，每个生产阶段的末尾都要进行检验，并强调了检验错误对总成本和最优生产批量的影响。Kang 等（2018）等学者通过加入对安全库存的考虑来减小检验错误对生产系统的影响。Mohammad 等（2019b）假设生产阶段随时间推移而发生退化，生产出缺陷品的概率相应变大。在考虑检验错误的基础上，通过最小化总生产成本决定最优检验时间和检验位置。

（六）流通合格率

流通合格率（Rolled Throughout Yield，RTY）通常是指通过检验后，最终合格单位数占过程全部生产单位数的比率。该值由每一工序合格率的乘积来表示，表明由这些工序构成的生产线的合格率，是衡量生产线生产能力的重要指标之一。流通合格率可以揭示由于不能达到质量特性要求造成的返工或报废而产生的成本损失。秦达和周彬（2010）通过研究成衣企业的流通合格率，建立了科学完善的检验点，降低了生产流程中返工或报废造成的损失。Saghaei 等（2012）在流通合格率的基础上，提出了 ERTY（Enhanced Rolled Throughput Yield），充分考虑生产线中的返工和报废情况，且流通合格率为其的一个特例。随后，Saghaei 等（2014）又将流通合格率这一概念应用到了供应链中，基于最大收益建立模型，确定应该对哪一环节进行改进以提升整个供应链的效率。

第二节　相关概念理论

一　质量检验概述

（一）质量检验的定义

ISO9000：2015 对检验的定义是："通过观察和判断，适当地结合测量、试验所进行的符合性评价。"质量检验是对产品的一个或多个质量特性进行观察、测量、试验，并将结果和规定的质量要求进行比较，以确定每项质量特性合格情况的技术性检验活动（温德成、李韶南，2009）。

(二) 质量检验的主要职能

1. 鉴别职能

通过测量、比较，判断质量特性是否符合规定的要求。通过鉴别才能判断产品质量是否合格，因此辨别职能是质量检验各项职能的基础。

2. 把关职能

对鉴别发现的不合格品做出标记，进行隔离，防止在做出适当处理前被误用。"把关"使"不合格的材料不投产，不合格的毛坯不加工，不合格的零件不装配，不合格的产品不出厂"，从而保证产品的符合性质量。质量把关是质量检验最重要、最基本的职能。

3. 预防职能

(1) 首件检验和巡回检验。预防批量产品质量问题的发生。

(2) 进货检验、中间检验和完工检验。这些检验活动既起把关作用，也起预防作用。对前过程的把关，就是对后过程的预防。

(3) 过程能力的测量和控制图的使用。测定过程能力或使用控制图，都需要通过产品检验取得一批数据或一组数据，这种检验目的是通过计算过程能力的大小发现过程能力的不足，或通过控制图表明过程的状态是否受控，预防不稳定的生产状态出现，防止大批不合格品的发生。

4. 报告职能

为了使相关的管理部门及时掌握产品实现过程中的质量状况，将质量检验获取的数据和信息，经汇总、整理和分析后写成报告，为相关管理部门质量控制、质量改进、质量考核及质量决策提供重要信息和依据（戴克商、雷今溪、梁娟，2007）。

(三) 质量检验的方式及基本类型

1. 质量检验的方式

(1) 按检验数量划分。

①全数检验。全数检验简称为全检，是指对一批待检产品

100%地逐一进行检验。这种方式一般比较可靠，同时能提供较完整的检验数据，获得较全面的质量信息。

全检的缺点或局限性：一是检验量大；二是检验周期长；三是检验成本高；四是漏检和错检难以避免；五是不能适用于破坏性的或检验费用昂贵的检验项目。

全检适用于下列情况：一是零件的检验是非破坏性的；二是质量不稳定的工序；三是精度要求较高的产品或零部件；四是对后续工序影响较大的质量项目；五是需要对不合格检验批次进行100%重检及筛选的场合。

②抽样检验。抽样检验是指根据数理统计的原理预先制定抽样方案，按一定的统计方法从待检的一批产品中随机抽取一定数量的样本进行逐渐试验测定，根据样本的质量状况来推断整批产品的质量是否合格的检验方式。

抽样检验的优点：一是降低了检验工作量和节约了检验费用，减少了检验人员和设备；二是缩短了检验周期；三是破坏性试验，只能采取抽样检验的方式。

虽然运用数理统计原理设计的抽样方案可以减少和控制错判风险，但不可能绝对避免。抽样检验的缺点：一是被判为合格的总体中，会混杂一些不合格品，或反之；二是存在一定的错判的风险，如将合格品错判为不合格批，或把不合格批错判为合格批。

抽样检验适用于下列情况：一是破坏性试验，如产品的寿命或可靠性试验，零件的强度测定，食品质量、军用产品等；二是批量大、检查项目多、价值较低、质量要求不很高的产品检验；三是被检对象是连续体，如油类、溶剂、钢水等；四是检验费用较高和检验时间比较长的产品或工序；五是生产过程中工序控制的检验。

（2）按质量特征值划分。

①计数检验。包括计件和计点检验，检验时只记录不合格数（包括不合格件数或点数），不记录检测后的具体测量数值。

②计量检验。测量和记录质量特性的数值,根据数值与标准之间的对比,判断其是否合格。

(3)按检验方法划分。

①感官检验。依靠人的感觉器官（皮肤、眼、耳、鼻、嘴等）对质量特性或特征做出评价和判断,检验结果依赖于检验人员的经验,波动性较大。

②理化检验。利用计量仪器和量具,应用物理和化学方法对产品质量特性进行检验的方法,具有结果准确、客观性强等特点。

③试用性检验。把产品交给用户或其他人使用,在试用一段时间后再收集试用者的反映,以此来判定产品的性能质量。在开发新产品、新材料、新工艺时,常采用这种方法。

(4)按检验后果性质划分。

①非破坏性检验。在检验时产品不会受到破坏,不影响其使用性能。

②破坏性检验。在检验时,产品受到一定程度的损坏,检验后产品可能完全无法使用或降低了使用价值。破坏性检验常采用抽样检验方法。

(5)按检验地点划分。

①固定检验。指在生产单位设立固定的检验站,各工作地点的产品加工以后送到检验站集中检验,适用于检验设备不便移动或检验设备频繁使用的情况。检验地点的选择应使搬运路线最短,但还应考虑检验设备对环境的要求,常采用设施选址理论。

②流动检验。指由检验人员直接去工作地点检验。可分为巡回检验和派出检验两种。

一是巡回检验。检验人员到生产现场进行的定期或随机性检验。该方式能及时发现质量问题,充分发挥检验的预防作用;对操作工人进行技术指导,监督工序质量控制工作;减少零件的搬运工作量;节省操作工等待检验的辅助时间等。二是派出检验。把检验工派到用户单位和供货单位进行检验,对重要产品和长期供货的产品常采用这种检验方式。但这种检验方式不能取代企业的正常检验,只能作为一种辅助措施。

(6) 按检验目的划分。

①验收检验。验收检验是判断被检验的产品是否合格,从而做出接收或拒收的决定。验收检验广泛存在于生产全过程,如原材料、外购件、外协件及配套件的进货检验,半成品的入库检验,产成品的出厂检验等。

②过程检验。在产品生产过程中进行的检验,检定生产过程是否处于受控状态,防止不合格品流向下道工序。

③复查检验。对已检查过的零部件和产品进行抽检,以考核检验工的工作质量。

2. 质量检验的基本类型

(1) 进货检验。

进货检验是由企业的检验部门对进厂的物品如原材料、辅料、外购件、外协件等入库前进行的检验。

(2) 过程检验。

过程检验也称工序检验,是对原材料投产后陆续形成成品之前的每道工序上的在制品所做的符合性检验。其目的是确保不合格品不流入下道工序,并防止产品成批不合格的现象。此外,过程检验的结果可以作为判断工序是否处于受控状态的依据。过程检验通常分为首件检验、巡回检验和末件检验三种;也可分为逐道工序检验和集中检验两种。

①逐道工序检验。逐道工序检验对保证产品质量、预防不合格产品的产生具有良好的效果,但检验工作量大,花费高,只有在重要工序上采用。

②集中检验。如果产品质量比较稳定,而又不便于进行逐道工序检验时,可以在几道工序完毕后集中进行检验。

③完工检验。完工检验是对全部加工活动结束后的半成品或成品进行的检验。对于半成品来说,完工检验是一种综合性的核对活

动，应按产品图纸等有关规定，认真核对。成品检验是对完工后的产品进行全面的检验与试验。它是产品出厂前的最后一道质量防线和关口，必须严格按照程序和规程进行，确保出厂产品的质量。

（四）质量检验制度

1. 三检制

三检制是指"自检"、"互检"和"专检"三者相结合进行的过程质量检验的一种检验制度。

（1）自检。

由生产工人自己对零部件或产品质量进行检验。

（2）互检。

由生产工人之间对工序过程中的产品进行相互检验。互检的方式包括：同班组之间进行互检；同机床倒班者之间的交接互检；下道工序对上道工序的交接检验等。

（3）专检。

由专职检验人员进行的质量检验活动，具有权威性。

在实行三检测时，应根据企业的生产特点、员工素质和其他情况，合理地确定专检、自检和互检的职责范围，明确各自的任务和所负的责任。一般来讲，专职检验人员应负责原材料入库、半成品流转、成品包装出厂等检验工作，而生产过程中的工序检验应强调自检和互检相结合，同时辅以专检人员巡检的方式。

2. 追溯制

在生产过程中，每完成一个工序或一项工作，都有记录其检验结果及存在问题，记录操作者及检验者的姓名、时间、地点和情况分析，在适当的产品部位做出相应的质量状况标志。这些记录与带标志的产品同步流转。产品标志和留名都是可追溯性的依据，在必要时都能查清责任者的姓名、时间和地点。产品出厂时还同时附有追踪卡，随产品一起流通，以便用户把产品在使用时所出现的问题，及时反馈给生产厂商。

3. 不合格品管理制度

在企业的生产制造过程中,由于人、机、料、法、环、测等因素的影响,出现不合格品往往是不可避免的。不合格品管理是质量检验中的重要环节。因此,应加强对不合格品的管理,要在原材料、外购配套件、外协件进货,零部件加工到成品交付的各个环节,建立对不合格品的控制,要做到不合格的原材料、外购、外协、配套件不进厂;不合格的在制品不转工序;不合格的零部件不装配;不合格的产品不出厂。同时,通过对不合格品的管理,找出造成不合格的原因,并采取措施防止后续不合格品的发生。

(1) 不合格品的分类。

不合格品根据其可用状态可分成为废品、次品和返修品三种。

①废品是指零件的质量严重不满足标准的要求,无法使用且又不能修复的产品。废品的出现给企业造成的损失是巨大的,因此,应采取一切措施避免废品的产生。

②次品是指零件的质量轻微地不满足标准的要求,但不影响产品的使用性能、寿命、安全性、可靠性等指标,也不会引起用户的强烈不满。在经过充足的分析论证并按规定的手续审批后,打上明显的"次品"标记,允许出厂或转入下一道工序。对次品的使用有时称为"让步回用"。

③返修品是指那些不符合质量标准,但通过返修后可以达到合格的产品或零件。

(2) 不合格品的处理。

经检验确定的不合格品,必须根据适当的程序进行处理。不合格品处理的内容主要包括废品处理、次品处理和返修品处理。

①废品处理。对废品的处理比较简单,如果是外购物品,在隔离后等待做出退货处理;如果是本企业生产的不合格品,就按报废处理程序进行报废处理。

②次品处理。在判定不合格品为次品后,首先应由有关人员组成的评审小组进行评审,如果认为次品的应用不会影响产品功能、性

能、安全性和可靠性,同时不会触犯有关产品责任方面的法律,也不会影响企业的信誉,则可确定为"回用品"。这时应由责任单位提出回用申请,并填写"产品回用单",说明回用的理由及采取的措施,经有关部门批准后打上"回用品"标记后登记入库。对外购物品的回用,还应向供货方提出赔偿要求。对次品的处理可能有以下三种情况:一是对产生轻微缺陷的非成批次品,可由质量管理部门负责人直接处理;二是对产生一般缺陷或成批存在轻微缺陷的次品,由责任单位提出申请,再由质量管理部门会同检验、设计、工艺和生产等部门共同进行处理;三是对产生严重缺陷但不影响产品使用的次品,由责任单位提出申请,企业质量管理部门会同设计、工艺、检验和生产等部门研究提出处理意见后,最后由总工程师做出处理决定。

③返修品的处理。如果不合格品是返修品,由责任者或责任单位进行返修,在经过返工处理后再进行检验,确认达到规定的质量标准后再登记入库或转入下道工序。

(3)"三不放过"原则。

一旦出现不合格品,应坚持质量检验的"三不放过"原则,即"不查清不合格原因不放过,不查清责任者不放过,不落实改进措施不放过"。

(4)不合格品管理。

不合格品管理包括:规定对不合格品的判定和处置的职责和权限;当发现不合格品时,应根据不合格的管理程序及时进行标识、记录、评价、隔离和处理;通报与不合格品有关的职能部门,必要时也应通知顾客。

二 工序质量的实时处理技术概述

(一)工序诊断调节及其费用函数

为了预防生产工序出现异常,避免出现不合格品,常按一定时间间隔抽样检验产品,然后根据检测所得的质量信息,对工序状态进行诊断。如果通过诊断判定工序状态正常,就维持原状继续生产；如果通过诊断判定工序异常，就停止生产，寻找原因，对工序进行调节使之正常后再继续生产。

上述按一定间隔取样，通过样本观测值的分析、判断，尽快发现异常，找出原因，采取措施，使工序恢复正常的质量控制方法，称为工序诊断调节法。其中尽快地发现工序状态异常，就是所谓工序诊断；寻找原因采取对策，使工序恢复正常，就是所谓工序调节。工序诊断调节，包括3个要素，即工序、诊断方法和调节方法，3个要素都涉及时间和经济因素。

在工序诊断调节法的实施过程中，若诊断过于频繁，虽然能使工序经常处于正常状态，但同时也带来生产成本的增加；而诊断间隔过长，虽可使生产费用减少，但可能会由于不能及时调节工序而使不合格品大量产生，同样增加生产成本。因此，使用工序诊断调节法时，必须解决这样的问题，即以多长时间间隔进行一次诊断，才能以最少的诊断调节费用，建立起经济有效的诊断调节系统。

为此，首先建立诊断间隔为 n 个单位产品时的平均单位工序诊断调节费用函数 L：

$$L = \frac{B}{n} + \frac{n+1}{2} \times \frac{A}{u} + \frac{C}{u} + \frac{Al}{u} \tag{2.1}$$

其中，A 表示单位产品为不合格品的损失；B 表示一次诊断费用；C 表示一次调节费用，一般可表示为 $C = C_1 + C_2$，其中 C_1 表示直接调节费用，C_2 表示停工损失；$\bar{u}$ 表示工序的平均故障间隔；l 表示时滞，诊断过程中工序所产生的产品数；$\frac{B}{n}$ 表示单位产品的平均诊断费用；$\frac{C}{u}$ 表示单位产品的平均调节费用；$\frac{Al}{u}$ 表示单位产品的平均时滞损失；$\frac{n+1}{2} \times \frac{A}{u}$ 表示平均故障间隔期内，由于出现不合格品引起的单位产品平均损失。

由于每隔 n 个产品诊断一次，这样某诊断点一旦发现产品为不合格品时，可能出现 n 种情形。情形 1 是恰好在某诊断点开始出现不合格品；情形 2 是在诊断点的前一个产品开始不正常，因此有两个不合格品，以此类推，情形 n 是在前一个诊断点后，工序就已不正常，故有 n 个不合格品。所以，平均来说，在某个诊断点发现产品不合格时，在诊断间隔为 n 个单位产品中有 $\frac{1+2+\cdots+n}{n}=\frac{n+1}{2}$（假设各种情况出现的概率相等）个不合格品。由此带来的损失是 $\frac{(n+1)A}{2}$，而平均每 $\bar{u}$ 个产品才出现一次故障，故每个产品所摊分到损失是 $\frac{n+1}{2}\times\frac{A}{\bar{u}}$。

（二）最宜诊断间隔的确定

由式（2.1）可知，L 是 n 的非串行可微函数（把 n 看作正实数），通过求导容易求得使 L 达到极小的 $n\left(\text{令}\frac{dL}{dn}=0\right)$，即解得最宜诊断间隔 n 的公式为：

$$n=\sqrt{\frac{2\bar{u}B}{A}}$$

（三）不合格品的筛选

在工序诊断和调节过程中，在某一个诊断点发现不合格品，在寻查原因的同时，要把不良品按以下的方法筛选出来。

1. 逆向筛选法

当某一诊断点发现不良品时，应按反工艺流程顺序，进行全数检查筛选，直到出现良品为止。

2. 分段筛选法

设诊断间隔为 n，加工品按加工顺序堆放，第 i 个诊断点上为合格品，第 $i+1$ 个诊断点为不合格品，则有以下结论：

（1）取 $0-n$ 的第 $\frac{n}{2}$ 个加工品进行检验，如为合格品，则 $0-\frac{n}{2}$ 的

加工品全判为合格品并转入（2），否则对 $0 - \frac{n}{2}$ 实施分段筛选；

（2）取 $\frac{n}{2} - n$ 的第 $\frac{3}{4}n$ 个加工品进行检验，若判为合格品，则 $\frac{n}{2} - \frac{3}{4}n$ 的加工品全判为合格品，并转入（3），否则对 $\frac{n}{2} - \frac{3}{4}n$ 实施分段筛选；

（3）取 $\frac{3}{4}n - n$ 的第 $\frac{7}{8}n$ 个加工品进行检验……

如此进行下去，加工品数逐步减少，直到没有再实行分段的经济价值或某段加工品全部不良为止（戴克商、雷今溪、梁娟，2007）。

三 质量成本管理概述

根据 ISO9000 系列国际标准，质量成本（Cost of Quality，CoQ）的定义是：将产品质量保持在规定的质量水平上所需的有关费用。它是企业生产总成本的一个组成部分，其由两部分构成，即运行质量成本和外部质量保证成本。质量成本管理是质量管理的重要内容之一，极大地影响着企业的效益。朱兰博士把质量损失比作"企业的一座未被发掘的金矿"，潜在的效益要通过质量成本控制挖掘出来。

在20世纪20年代，美国质量管理专家费根堡姆提出了质量成本的概念，首次把质量成本同企业的经济效益联系起来，受到质量管理界的高度重视。从此以后，质量成本的概念被广泛应用于企业管理中，并在实践中得到不断发展和完善，为企业创造了大量的利润。到目前，质量成本这一概念，已成为许多企业确定产品质量水平、改进产品质量、提高工作质量和评价全面质量管理效果的一种重要工具。质量对企业经济效益的影响是非常显著的，如果企业能够提高产品和服务质量，必然会增加产品的销售量，从而提高企业的效益。

产品的运行成本是由预防成本、鉴定成本、损失成本（包括内部损失成本和外部损失成本）组成的。质量成本中的成本费用的大小与产品合格质量水平（合格率或不合格率）之间存在一定的变化关系，反映这种变化关系的曲线称为质量成本特性曲线，它的基本形式如图 2.1（a）所示。

企业为了提高产品的质量水平，降低产品的不合格品率 p，就需要对产品质量进行控制，严格把关，严格检验，从而增加了企业的预防和鉴定成本。图 2.1（a）中的上升曲线表示预防成本与鉴定成本之和，它随着合格品率的增加而增加。当质量水平很低时，预防鉴定的成本花费很少，但质量损失成本很高，随着质量水平的提高，预防鉴定成本逐渐增大，但损失成本却逐渐下降，直至为零。当产品质量达到某一质量水平，随着质量水平的提高，预防和鉴定成本就会急剧增加。图 2.1（a）中的下降曲线表示内部损失与外部损失之和，它随着合格品率的增加而减少。如果将预防、鉴定成本曲线与损失成本曲线叠加，可以得到呈"碗"状的质量成本特性曲线。该曲线最低点所对应的质量水平就是进行质量管理和控制所追求的最佳质量水平 Q_m。当质量水平高于或低于 Q_m 时，运行质量总成本比较高（理论上无穷大），只有在 Q_m 上或 Q_m 点的临近区域，质量成本才是最低和较低的，把此时的质量成本称为最佳质量成本。

当不合格品率很高，即处于质量成本特性曲线左端时，内外损失成本都很大，质量总成本当然也很大；当逐步加大预防和鉴定成本，不合格品率降低，内外损失成本与质量总成本将随之降低。但如果继续增加预防成本，达到接近 100% 的预防成本，即不合格品率趋于 0，内外损失成本虽然可以接近于 0，但这时的预防成本会非常高，从而导致总成本的急剧增加。此外，上升曲线左面部分的变化趋势比较平缓，这说明当符合性质量水平低时，即不合格品率高时，略微增加一些预防和鉴定成本就可使不合格品率大幅度降低，即这时采用加强预防和鉴定的措施会取得十分显著的效果。可是，当超过某个限度后，再要提高质量水平，即要求不合格品率进一步降低时，即使稍有一点变化，也要在预防和鉴定成本上付出很大的代价，图2.1（a）上升曲线的右面部分，在过了最佳质量成本点后急剧上升，下降曲线则是另外的一种情况。当不合格品率为0时，曲线交于横轴，即内外损失成本也为0，但随着不合格品率的增加，这部分成本急剧上升。可以认为，内外损失成本的上升速度这么快，是由于产品质量恶化，使其信誉下降而造成的严重损失，这方面的损失比材料报废和维修费用的支出要大得多。

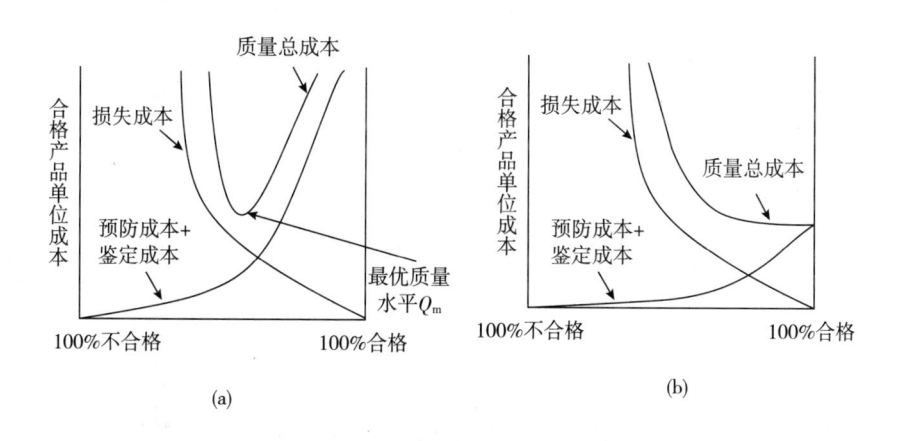

图 2.1　两类质量成本特性曲线

上文提到的质量特性曲线来自传统观点，在 Tuominen（2012）、Schiffauerova 和 Thomson（2006）中，提到了一种新的质量特性观点，如图2.1（b）所示。在该观点中，当质量水平达到100%时，仍可获得最佳质量成本。不同的检验策略指向了不同的质量成本观点：抽样检验代表了传统观点，而100%全检代表了现代观点。

四　基本算法策略概述

（一）分治法

求解复杂问题时，将问题分解是一种很自然的做法。可以先分析问题本身所具有的某些特性，然后从这些特性出发，选择某些适当的设计策略来求解。例如，面对一个输入规模为 n，且其取值较大的问题时，可以将其划分成 k 个子集，分别对这些子集进行求解，再把所得到的解组合起来，从而得到整个问题的解。这种方法，就是分治法。

一般来说，分治法是把问题划分成多个子问题来进行处理。这些子问题，在结构上与原来的问题一样，但在规模上比原来的小。如果所得到的子问题相对来说还太大，可以反复使用分治策略，把这些子问题再划分成更小的、结构相同的子问题。分别求解这些子问题，并把这些子问题的解组合起来，从而获得原来问题的解，所以，分治法作为一种算法设计策略是非常有价值的。

一个问题能够采用分治法求解的要素有：

（1）能够按照某种方法将问题分解成若干个规模较小、相互独立、与原问题的类型相同的子问题；

（2）当子问题足够小时，它可以被直接求解；

（3）能够将子问题的解组合成原问题的解。

（二）二分检索法

1. 二分检索法的定义

二分检索法是运用分治策略的典型，当数据量很大适宜采用该方法。采用二分检索法查找时，数据需是排好序的。

二分检索法是一种较为简单的精确一维搜索方法。该方法在设定的初始不定区间和搜索精度下，首先计算两个试探步长，这两个步长关于区间中点对称。每次执行完一次搜索后区间会缩减，在下一次搜索开始前需要对搜索精度进行验证，若没有达到精度要求，则更新试探步长。这种方法在每次搜索时需要计算两次目标函数值（牛青、莫蓉、万能，2014）。

2. 二分检索法的问题描述

给定一个含有 n 个元素的数组 A，其元素已按非递减序排序。对于一个指定的值 x，希望在数组中寻找到。在现实生活中，查纸质字典就是使用此法。

如果采用顺序检索，在最坏和平均情况下分别作了 n 次和 $\frac{n}{2}$ 次比较。但顺序检索并没有利用这样的事实：数组中的元素是按顺序排列的。而这一事实能带来一个有用的信息：当 x 和数组中某一项 y 进行比较时，如果 $x>y$，那么接下来应该在 y 的右边进行查找，否则应该在 y 的左边进行查找。假如把 y 取成数组的中间项，那么通过一次比较 x 和 y，就可以断定 x 是在前半个数组中或是在后半个数组中，这样对这个数组的检索就变成了对半个数组的检索，而对半个数组还可以这么做，以此类推。

这种将待查的数据与非降序数组中的中间元素进行比较，若二者相等则表示查到；若该数据小于中间元素的值，则下次在数组的前半部分中继续找；否则，在数组的后半部分中查找。即每次检索将与待查数据的比较次数减半。如此继续进行下去，直到查到该值的元素或不存在所查找的数据。此种分治方法称为二分检索法。

3. 二分法求解

先利用零点定理确定根的存在区间，然后将含根的区间对分，通过判别对分点函数的符号，将有根区间缩小一半。重复以上过程，将根的存在区间缩到充分小，从而求出满足精度要求的根的近似值。如图 2.2 所示为二分法的几何示意图。图 2.2 中，[a, b] 为方程 $f(x)=0$ 根的存在区间，x^* 为其方程精确解。第 1 次二分可以确定根的区间为 [a, ($a+b$)/2]；第 2 次二分可以确定根的区间为 [a, ($3a+b$)/4]，每次二分都可将根区间缩小一半且逐渐逼近精确解，重复二分计算，就可将根的存在区间缩到充分小直至达到精度要求（谢开贵等，2010；许慧一，2015）。

（三）非等分分治

把问题分解为与原问题相似且"相互相等"的子问题用到的是二分策略，但有的问题则需要用"非等分二分法"解决。

面对"从 n 个元素中选择第 k 小的元素"这样的问题，当 $k=$ [$n/2$] 时，这个问题就变成寻找中值元素，例如中间年龄、中间重

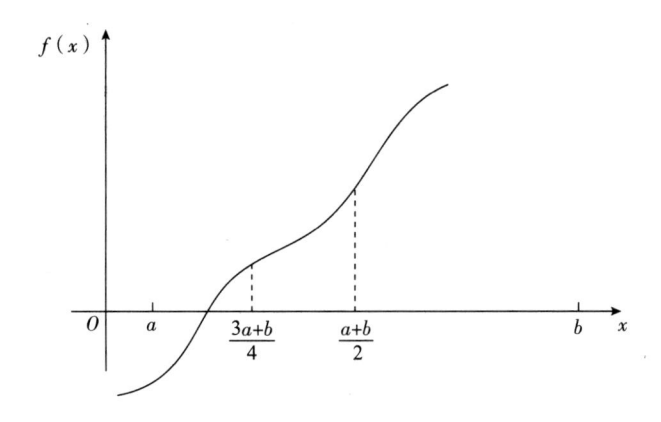

图 2.2 二分法的几何

量等。k 取其他值也是有意义的，例如，通过寻找第 $k=n/3$ 的年龄或第 $k=n/4$ 的年龄，可将人口进行划分，了解人口的分布情况。

当然，这个问题不能用典型的二分法分解成完全独立、相似且"相互相等"的两个子问题。因为二等分所有元素后，可以选出第一组的第 k 小的元素和第二组的第 k 小的元素，但不能保证这两个元素之一是原问题的解，即问题经二等分后的子问题不独立。

这个问题可以通过对全部元素进行排序后得到解。一般使用快速排序算法，它属于分治策略的应用。首先选第一个数作为分界数据，将比它小的数据存储在它的左边，将比它大的数据存储在它的右边，它存储在左、右两个子集之间。这样左、右子集就是原问题分解后的独立子问题，再用同样的方法，继续解决这些子问题，直到每个子集只有一个数据，自然就有序了，也就完成了全部数据的排序工作。

其实，可以通过改写快速排序算法，来解决该问题。记一次快速排序后，分解出左子集中的元素个数为 nl，则该问题，就会出现以下几种情况之一：

（1）$nl=k-1$，则分界数据就是该问题的答案；

（2）$nl>k-1$，则该问题的答案继续在左子集中找，问题规模变

小了;

(3) $nl<k-1$,则该问题的答案继续在右子集中找,问题变为选择第 $k-nl-1$ 小的数,问题的规模也变小了。

这个算法实质上只是利用了分治法的分解策略,分解后根据不同情况,只处理其中的一个子问题,是"减治法"的一个应用。

第三章 串行生产线线上质量检验站的优化设置

在串行生产线中，由于设备故障、生产技术落后、原材料不合格及工人操作不熟练等原因，往往会使产品出现质量问题。为保证产品质量并获取最佳的经济效益，质量检验工作必不可少。生产线线上质量检验是在生产过程中对产品执行全数检验，目的是及时发现缺陷品，防止缺陷品进入下一个工作站或从生产线流出而产生转序成本或惩罚成本。在实际生产中，如果质量检验次数过多，从而使检验成本增多；如果质量检验次数过少，会造成生产成本的浪费。本章以串行生产线为研究对象，综合考虑缺陷品的转序成本及前后工作站之间的关联性，以单位合格品成本或生产线总成本最小为目标，建立线上质量检验站的优化设置模型，为企业管理者的生产决策提供依据。

本章符号说明如下：

m	串行生产线中工作站的数量（生产工序的数量）
W_i	第 i 个工作站
M_i	第 i 个生产工序，位于第 i 个工作站中
I_i	第 i 个线上检验站，位于第 i 个工作站中
N	进入串行生产线的产品数量（进入工作站 W_1 的产品数量）
ε_i	工作站 W_i 的缺陷品率
p_i	工作站 W_i 的单位生产成本
s_i	工作站 W_i 的单位报废成本

第三章 串行生产线线上质量检验站的优化设置

r_i	工作站 W_i 的单位返工成本
Fa_i	工作站 W_i 生产的产品缺陷类型
α_{ij}	缺陷类型 Fa_i 在工作站 W_k 中报废产生的单位转序成本（$k>i$）
β_i	缺陷类型 Fa_i 从生产线流出的单位惩罚成本
c_i	检验站 I_i 的单位检验成本
x_i	进入工作站 W_i 的产品数量，$x_1=N$
f_i	工作站 W_i 中缺陷品的报废率
R_i	工作站 W_i 中缺陷品的返工率，有 $R_i=\varepsilon_i-f_i$
C	生产线总成本
θ_i	检验站 I_i 出现第二类检验错误的概率
F_i	检验站 I_i 的固定成本
X_i^1	工作站 W_i 中设置检验站时产生的成本
X_i^0	工作站 W_i 中不设置检验站时产生的成本
k_i	工作站 W_i 是否设置检验站的决策变量
$K(k_1,k_2,\cdots,k_m)$	生产线中检验站设置决策集合
Y_i	前 i 个工作站的流通合格率
y_i	有检验站 I_i 时，工作站 W_i 的局部流通合格率
y'_i	无检验站 I_i 时，工作站 W_i 的局部流通合格率

本章假设条件如下：

（1）该串行生产线是由 m 个离散工作站组成的串行生产系统；

（2）假设每个工作站中都有设置检验站的可能；

（3）在检验站 I_i 对产品执行全数检验；

（4）进入生产线（工作站 W_1）的原料均为合格品，且从工作站 W_1 开始依次进行加工，经全部 m 个离散工作站后，以最终产品的形式从工作站 W_m 中流出生产线；

（5）检验站 I_i 只能检验出缺陷类型 Fa_i；

（6）各工作站 W_i 的缺陷率为一常数，且各工作站的缺陷率互相独立，各工作站中的缺陷类型独立；

（7）返工只能在当前工作站中进行，且只能针对一种缺陷类型，产品经返工后无须再次检验，认定为合格品，送至下一个工作站继续生产加工。

第一节 串行生产线中，线上质量检验站优化设置的问题描述

考虑任意一串行生产线。产品的生产顺序已知且固定，在制品始终按照生产顺序排列。由于设备故障、人员操作失误等原因，产品出现缺陷是不可避免的。设生产线中共有 m 道生产工序，生产工序集合为 $M=\{M_1, M_2, \cdots, M_m\}$，$M_i(i=1, 2, \cdots, m)$ 为生产线中的一道工序；$I=\{I_1, I_2, \cdots, I_m\}$ 为可能存在的线上检验站集合，$I_i(i=1, 2, \cdots, m)$ 为可能存在的线上检验站设置点；生产工序 M_i 和一个可能存在的线上检验站 I_i 组成一个工作站 $W_i(i=1, 2, \cdots, m)$，则串行生产线中有连续 m 个工作站。本章讨论的串行生产线如图3.1所示。

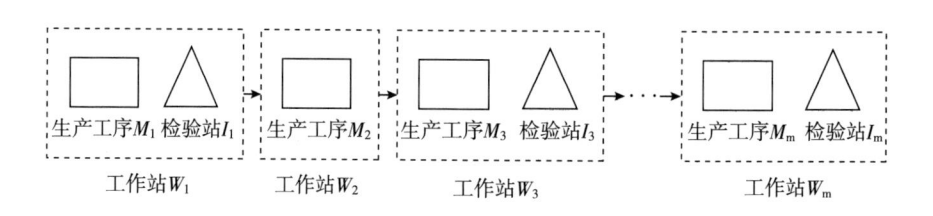

图 3.1 串行生产线

根据产品的质量特性要求，产品经检验站检验后的结果可分为合格品和缺陷品两类。其中，缺陷品又可分为两类：返工品和报废

品。如果产品符合返工要求，则返工后认为是合格品且无须再次检验，直接进入下一个工作站；否则，产品报废（例如，需要直角的部件加工为倒角）。在执行线上质量检验时，产品质量判定程序如图 3.2 所示。

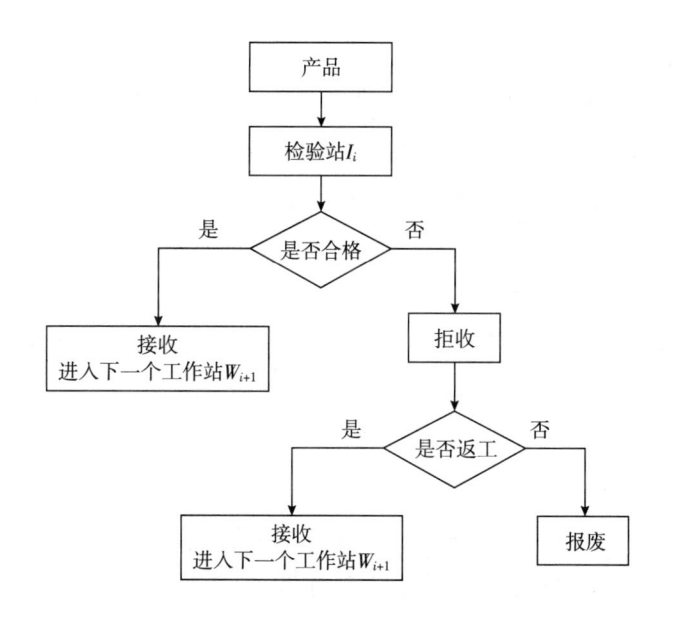

图 3.2 产品质量判定程序

单位检验成本 c_i（$i=1,2,\cdots,m$）和设置检验站的固定成本 F_i 对于确定的检验站 I_i 是常数且已知。

当在工作站中设置检验站时，缺陷品分别以概率 f_i 进行报废或者以概率 R_i 进行返工处理。单位报废成本 s_i 包含产品的原材料成本、加工成本等，报废产品会以零利润进行处理，因此有 $s_i>0$，报废品的返工成本 r_i 此时为极大值（通常，在算例中设置为 10^6）。当发生返工时，单位返工成本 r_i 包含人工、材料等成本。工作站 W_i 生产的部分缺陷品经过返工后，从中流出的合格品数量增多，工作站 W_i 的局部流通合格率 y_i 变大。

单位转序成本 α_{ij}（$j>i$）是指缺陷类型 Fa_i 进入工作站 W_j 继续

生产加工后，在检验站 I_j 中报废产生的单位成本。根据前提假设，缺陷类型 Fa_i 只能在检验站 I_i 被检验出来，因此含有缺陷类型 Fa_i 的缺陷品最终有两种流向：①进入工作站 W_j，在检验站 I_j（$m \geqslant j \geqslant i$）中因缺陷类型 Fa_i 而报废；②进入工作站 W_m 并从生产线中流出。缺陷类型 Fa_i 的转序成本不具有累加性，只考虑最后一次加工时的转序成本。

单位惩罚成本 β_i 是指含有缺陷类型 Fa_i 的缺陷品（可能含有两种或两种以上的缺陷类型）从生产线中流出或送达到顾客手中时遭受相关赔偿而产生的单位损失，包含商家名誉损失（顾客丧失再次购买意愿的成本），顾客将产品退回商家的运输、返修成本等。因一个产品可能会含有不同的缺陷类型，惩罚成本 β_i 具有可加性，单位产品的惩罚成本就是每种缺陷类型的单位惩罚成本之和。在本章中，假设最后从生产线中流出的产品全部售出。

综上所述，若含有缺陷类型 Fa_i 的缺陷品在工作站 W_j（$j>i$）中报废，则只产生转序成本 α_{ij}；若含有缺陷类型 Fa_i 的缺陷品从生产线中流出，则同时产生转序成本 α_{im} 和惩罚成本 β_i。在同一单位产品中，转序成本和惩罚成本具有累加性。

对于生产线线上检验问题，通常会有若干目标，如生产总成本最小、生产流通合格率最大、未检不合格品数量最少等。生产总成本是生产线必考虑的指标之一，其中包括生产成本、检验成本、检验站固定成本、返工成本、报废成本、转序成本、惩罚成本等，与工作站 W_i 有关的成本为（p_i，c_i，F_i，r_i，s_i，α_{ij}，β_i）（$i<j \leqslant m$）。流通合格率 Y_m 是指从生产线流出的产品中，合格品数量占产品总量的比例。对任意一个串行生产线，往往需要根据实际需求和产品特性将这些目标函数进行结合，使模型具有较高的适用性。当成本发生变化时，检验站的数量和位置、生产流通率都会发生变化，因此，获得一个可以快速设置线上检验的模型就变得尤为重要。在一般情况下，执行线上质量检验的流程如图 3.3 所示。

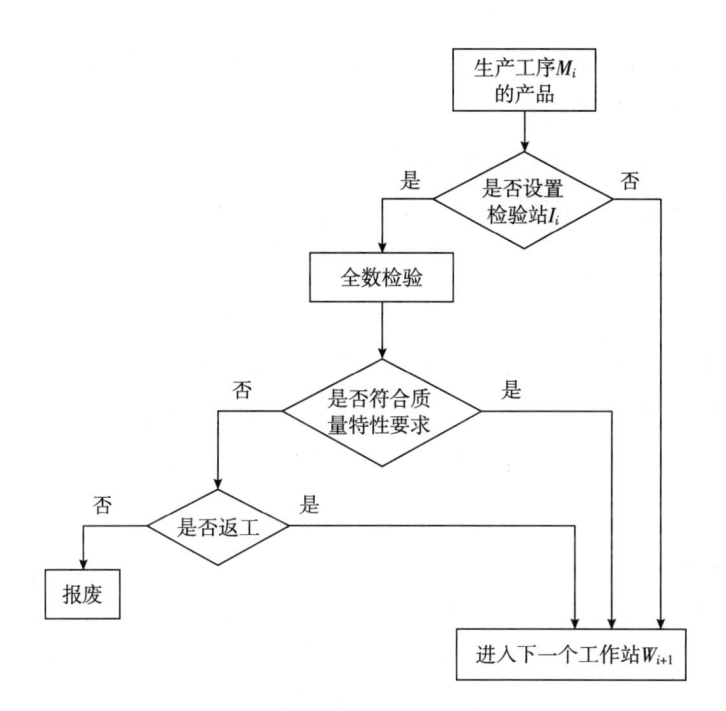

图 3.3 执行线上质量检验流程

在第二节中,以合格品单位成本最小为目标时,建立了线上质量检验站设置的一般模型;在第三节中,以总成本最小为目标,当检验错误存在时,建立了线上质量检验站设置模型;在第四节中,基于第二节中的一般模型给出数值算例。

第二节 合格品单位成本最小时,线上质量检验站的优化设置

一 线上质量检验站设置策略的经济性分析

生产过程中的缺陷品不可避免,对产品进行检验以保证其达到特定的质量特性要求。在本节中,研究的问题为如何在串行生产线中设置线上检验站,使总成本最小。显然,总成本的大小与检验站的位置相关。假设检验站 I_i 的检验准确率为 100%,不存在漏检或

错检。为了记录生产线中线上检验站的位置，用 k_i 来表示是否在工作站 W_i 中设置检验站，则有：

$$k_i = \begin{cases} 1, & \text{在工作站 } W_i \text{ 中设置线上检验站} \\ 0, & \text{不在工作站 } W_i \text{ 中设置线上检验站} \end{cases}$$

其中，$i=1, 2, \cdots, m$。

显然，总成本的大小与检验站的位置相关。生产线线上检验站的最优数量和位置，就是使在整个生产线上的成本最小而从生产线中流出的合格品数量最多，可以用合格品的单位成本来表示。

目标函数与生产线成本（p_i, c_i, F_i, r_i, s_i, α_{ij}, β_i）（$i<j\leqslant m$）和产品质量信息（ε_i, f_i, R_i）相关。

若在工作站 W_i 中设置检验站，由于生产工序 M_i 生产的产品数量与检验站 I_i 检验的产品数量相等，因此可令 $c'_i=p_i+c_i$，工作站 W_i 的成本 X_i^1 由四部分组成：检验站 I_i 的固定成本、生产和检验成本、报废成本和返工成本。X_i^1 的大小与进入工作站 W_i 的产品数量有关，而进入工作站 W_i 的产品数量与前（$i-1$）个工作站中检验站设置情况有关。在这种情况下，从工作站 W_i 中流出并进入下一个工作站 W_{i+1} 的产品数量 $x_{i+1}=x_i(1-f_i)$。

若不在工作站 W_i 设置检验站，工作站 W_i 的成本 X_i^0 由三部分组成：生产成本、含有缺陷类型 Fa_i 的缺陷品最终从生产线流出产生的惩罚成本和含有缺陷类型 Fa_i 的缺陷品进入后续工作站中继续生产加工产生的转序成本。X_i^0 的大小与进入工作站 W_i 的产品数量有关，同样与前（$i-1$）个工作站中检验站设置情况有关。在这种情况下，从工作站 W_i 中流出并进入下一个工作站 W_{i+1} 的产品数量 $x_{i+1}=x_i$。

下面对生产线线上质量检验站设置问题进行经济性分析。

情形一 生产线中只有一个工作站 W_1，产生的成本有 2（$=2^1$）种情况。

（1）工作站 W_1 设置检验站，决策变量集合 $K(1)$。

进入工作站 W_1 的产品数量 $x_1=N$，从工作站 W_1 中流出的产品

数量为 $x_1(1-f_1)$，且全部为合格品。工作站 W_1 产生的成本为：
$$X_1^1 = x_1 c'_1 + x_1 f_1 s_1 + x_1 R_1 r_1 + F_1 \tag{3.1}$$

（2）工作站 W_1 不设置检验站，决策变量集合 $K(0)$。

进入工作站 W_1 的产品数量 $x_1 = N$，从工作站 W_1 流出的产品数量为 x_1，其中含缺陷类型 Fa_1 的缺陷品数量为 $x_1 \varepsilon_1$。工作站 W_1 产生的成本为：
$$X_1^0 = x_1 p_1 + \beta_1 x_1 \varepsilon_1 \tag{3.2}$$

情形二 生产线中有两个工作站 W_1 和 W_2，产生的成本有 4（$=2^2$）种情况。

（1）工作站 W_1 和 W_2 均设置检验站，决策变量集合 $K(1,1)$。

由于没有从工作站 W_1 中流出含缺陷类型 Fa_1 的缺陷品，因此工作站 W_1 产生的成本与式（3.1）相同，有：
$$X_1^1 = x_1 c'_1 + x_1 f_1 s_1 + x_1 R_1 r_1 + F_1 \tag{3.3}$$

进入工作站 W_2 的产品数量 $x_2 = x_1(1-f_1)$，且全部为合格品。

工作站 W_2 产生的成本为：
$$X_2^1 = x_2 c'_2 + x_2 f_2 s_2 + x_2 R_2 r_2 + F_2 \tag{3.4}$$

从生产线中流出的产品数量为 $x_2(1-f_2)$，且全部为合格品。

（2）工作站 W_1 设置检验站，工作站 W_2 不设置检验站，决策变量集合 $K(1,0)$。

与情形二中的决策变量集合 $K(1)$ 相同，工作站 W_1 产生的成本为：
$$X_1^1 = x_1 c'_1 + x_1 f_1 s_1 + x_1 R_1 r_1 + F_1 \tag{3.5}$$

进入工作站 W_2 的产品数量 $x_2 = x_1(1-f_1)$，且全部为合格品。

由于 $k_2 = 0$，则缺陷类型为 Fa_2 的缺陷品全部流出生产线，产生惩罚成本，因此工作站 W_2 产生的成本为：
$$X_2^0 = x_2 p_2 + \beta_2 x_2 \varepsilon_2 \tag{3.6}$$

从生产线中流出的产品数量为 x_2，其中缺陷品的数量为 $x_2 \varepsilon_2$。

（3）工作站 W_1 设置检验站，工作站 W_2 设置检验站，决策变量集合 K（0，1）。

当 $k_1=0$ 时，进入工作站 W_2 的产品数量 $x_2=x_1$，其中含缺陷类型 Fa_1 的缺陷品数量为 $x_1\varepsilon_1$，占进入工作站 W_2 中所有产品的比例为 $\dfrac{x_1\varepsilon_1}{x_2}$。含有缺陷类型 Fa_1 的缺陷品本应在工作站 W_1 内返工或报废，由于没有设置检验站 I_1，缺陷品流出工作站 W_1 后在工作站 W_2 中继续生产加工，产生转序成本 α_{12}。

工作站 W_2 生产的产品中，含缺陷类型 Fa_2 的缺陷品数量为 $x_2\varepsilon_2$，则缺陷品中同时含缺陷类型 Fa_1 和 Fa_2 的缺陷品数量为 $x_1\varepsilon_1\varepsilon_2$，只含缺陷类型 Fa_2 的缺陷品数量为 $x_2\varepsilon_2-x_1\varepsilon_1\varepsilon_2$，只含缺陷类型 Fa_1 的缺陷品数量为 $x_1\varepsilon_1(1-\varepsilon_2)$。

含缺陷类型 Fa_2 的缺陷品将在工作站 W_2 中返工或报废。根据假设条件，检验站 I_2 只能检验出含缺陷类型 Fa_2 的缺陷品并返工。因此，对于同时含缺陷类型 Fa_1 和 Fa_2 的缺陷品，有两种情形：

一是缺陷品返工。返工后的产品中仍含缺陷类型 Fa_1，并当作"合格品"从生产线中流出。因此，与缺陷类型 Fa_1 相关的成本包括转序成本 α_{12} 和惩罚成本 β_1。返工品的数量为：

$$x_1\varepsilon_1\varepsilon_2 \times \frac{R_2}{\varepsilon_2} = x_1\varepsilon_1 R_2$$

此外，与缺陷类型 Fa_2 有关的成本是返工成本，大小为 $r_2 x_1 \varepsilon_1 R_2$。

二是缺陷品报废。报废产品会从生产线中剔除，与缺陷类型 Fa_1 相关的成本为转序成本 α_{12}，报废品的数量为：

$$x_1\varepsilon_1\varepsilon_2 \times \frac{f_2}{\varepsilon_2} = x_1\varepsilon_1 f_2$$

此外，与缺陷类型 Fa_2 有关的成本是报废成本，有 $s_2 x_1 \varepsilon_1 f_2$。

由于检验站 I_2 只能检验出缺陷类型 Fa_2，因此只含缺陷类型 Fa_1 的缺陷品也视为"合格品"从生产线中流出，产生的成本包括

转序成本 α_{12} 和惩罚成本 β_1。

综上所述,从生产线流出的产品中,含有缺陷类型 Fa_1 的缺陷品数量为:

$$x_1\varepsilon_1 R_2 + x_1\varepsilon_1 - x_1\varepsilon_1\varepsilon_2 = x_1\varepsilon_1(1-f_2)$$

产生的惩罚成本为 $\beta_1 x_1\varepsilon_1(1-f_2)$。根据上述分析,从工作站 W_1 中流出的含缺陷类型 Fa_1 的缺陷品都会产生转序成本 α_{12},数量为 $x_1\varepsilon_1$,因此产生的转序成本为 $\alpha_{12} x_1\varepsilon_1$。

只含缺陷类型 Fa_2 的缺陷品中,返工品数量为 $(x_2-x_1\varepsilon_1)R_2$,报废品数量为 $(x_2-x_1\varepsilon_1)f_2$。在检验站 I_2 中,因缺陷类型 Fa_2 返工的产品数量为 $x_2 R_2$,因缺陷类型 Fa_2 报废的产品数量为 $x_2 f_2$。

上述分析结果在表 3.1 中进行总结。

表 3.1　　$k(0,1)$ 情形下的缺陷品类型、数量、处置模式及成本类型

缺陷类型		处置模式	数量	成本类型
只含 Fa_1		接收	$x_1\varepsilon_1(1-\varepsilon_2)$	α_{12}, β_1
含 Fa_2	只含 Fa_2	返工(接收)	$R_2(x_2-x_1\varepsilon_1)$	r_2
		报废	$f_2(x_2-x_1\varepsilon_1)$	s_2
	同时含 Fa_1 和 Fa_2	返工(接收)	$R_2 x_1\varepsilon_1$	$r_2, \alpha_{12}, \beta_1$
		报废	$f_2 x_1\varepsilon_1$	s_2, α_{12}

工作站 W_1 产生的成本包含生产成本、转序成本和惩罚成本,有:

$$X_1^0 = x_1 p_1 + \alpha_{12} x_1 \varepsilon_1 + \beta_1 x_1 \varepsilon_1 (1-f_2) \tag{3.7}$$

工作站 W_2 产生的成本包含检验站固定成本、生产成本和检验成本、返工成本及报废成本,有:

$$X_2^1 = x_2 c'_2 + x_2 f_2 s_2 + x_2 R_2 r_2 + F_2 \tag{3.8}$$

(4) 工作站 W_1 不设置检验站,工作站 W_2 不设置检验站,决策变量集合 $K(0,0)$。

当 $k_1 = 0$ 时,进入工作站 W_2 的产品数量 $x_2 = x_1$,其中含缺陷类

型 Fa_1 的缺陷品数量为 $x_1\varepsilon_1$，占进入工作站 W_2 中所有产品的比例为 $x_1\varepsilon_1/x_2$。含缺陷类型 Fa_1 的缺陷品本应在工作站 W_1 内返工或报废，由于没有设置检验站 I_1，缺陷品流出工作站 W_1 后继续生产加工并又从生产线中流出，产生转序成本和惩罚成本。

在工作站 W_2 中，含缺陷类型 Fa_2 的缺陷品数量为 $x_2\varepsilon_2$。缺陷品中同时含缺陷类型 Fa_1 和 Fa_2 的缺陷品数量为 $x_1\varepsilon_1\varepsilon_2$，只含缺陷类型 Fa_2 的缺陷品数量为 $x_2\varepsilon_2-x_1\varepsilon_1\varepsilon_2$，只含缺陷类型 Fa_1 的缺陷品数量为 $x_1\varepsilon_1(1-\varepsilon_2)$。由于没有设置检验站 I_2，因此所有缺陷品均流出生产线，产生惩罚成本。

上述分析结果在表 3.2 中进行总结。

表 3.2　　k (0, 0) 情形下的缺陷品类型、数量、处置模式及成本类型

缺陷类型		处置模式	数量	成本类型
只含 Fa_1		接收	$x_1\varepsilon_1(1-\varepsilon_2)$	α_{12}, β_1
含 Fa_2	只含 Fa_2	接收	$x_2\varepsilon_2-x_1\varepsilon_1\varepsilon_2$	β_2
	同时含 Fa_1 和 Fa_2	接收	$x_1\varepsilon_1\varepsilon_2$	$\alpha_{12}, \beta_1, \beta_2$

工作站 W_1 产生的成本包含生产成本、转序成本和惩罚成本，有：

$$X_1^0 = x_1p_1 + \alpha_{12}x_1\varepsilon_1 + \beta_1x_1\varepsilon_1 \tag{3.9}$$

工作站 W_2 产生的成本包含生产成本和惩罚成本，有：

$$X_2^0 = x_2p_2 + \beta_2x_2\varepsilon_2 \tag{3.10}$$

因此，无论工作站 W_1 和 W_2 中是否设置检验站，生产线中产生的成本为：

$$C = \sum_{i=1}^{2}(x_ic'_i + x_if_is_i + x_iR_ir_i + F_i)k_i + [x_1p_1 + \beta_1x_1\varepsilon_1(1-f_2k_2) + x_1\varepsilon_1](1-k_1) + (x_2p_2 + \beta_2x_2\varepsilon_2)(1-k_2) \tag{3.11}$$

情形三　生产线中有三个工作站 W_1、W_2 和 W_3，产生的成本有 8（$=2^3$）种情况。

(1) 工作站 W_1、W_2 和 W_3 均设置检验站，决策变量集合 K (1, 1, 1)。

当 $k_1=1$ 和 $k_2=1$ 时，工作站 W_1 和 W_2 中产品情况与情形二中的决策变量集合 K (1, 1) 相同，不再赘述。进入工作站 W_3 的产品数量 $x_3=x_2(1-f_2)$，且全部为合格品。

当 $k_3=1$ 时，工作站 W_3 产生的成本为：

$$X_3^1 = x_3 c'_3 + x_3 f_3 s_3 + x_3 R_3 r_3 + F_3 \tag{3.12}$$

此时，从生产线中流出的产品数量为 $x_3(1-f_3)$，且全部为合格品。

(2) 工作站 W_1、W_2 设置检验站，工作站 W_3 不设置检验站，决策变量集合 K (1, 1, 0)。

当 $k_1=1$ 和 $k_2=1$ 时，工作站 W_1 和 W_2 中产品情况与情形二中的决策变量集合 $K(1, 1)$ 相同，不再赘述。进入工作站 W_3 的产品数量 $x_3=x_2(1-f_2)$，且全部为合格品。

当 $k_3=0$ 时，工作站 W_3 生产的缺陷品数量为 $x_2\varepsilon_3$，且全部从生产线中流出，因而产生的成本为：

$$X_3^0 = x_3 p_3 + \beta_3 x_3 \varepsilon_3 \tag{3.13}$$

(3) 工作站 W_1 设置检验站，工作站 W_2 不设置检验站，工作站 W_3 设置检验站，决策变量集合 K (1, 0, 1)。

当 $k_1=1$ 时，工作站 W_1 中产品情况与情形一中的决策变量集合 $K(1)$ 相同，不再赘述。进入工作站 W_2 的产品数量 $x_2=x_1(1-f_1)$，且全部为合格品。

由于从工作站 W_1 中没有缺陷品流出，因而当 $k_2=0$ 和 $k_3=1$ 时，工作站 W_2 和 W_3 中产品情况与情形二中的决策变量集合 $K(0, 1)$ 相同。工作站 W_2 产生的成本包含生产成本、转序成本和惩罚成本，有：

$$X_2^0 = x_2 p_2 + \alpha_{23} x_2 \varepsilon_2 + \beta_2 x_2 \varepsilon_2 (1-f_3) \tag{3.14}$$

工作站 W_3 产生的成本包含检验站固定成本、生产成本和检验成本、返工成本及报废成本，有：

$$X_3^1 = x_3 c'_3 + x_3 f_3 s_3 + x_3 R_3 r_3 + F_3 \tag{3.15}$$

（4）工作站 W_1 设置检验站，工作站 W_2、W_3 均不设置检验站，决策变量集合 K（1，0，0）。

工作站 W_1 设置检验站的情况与情形一中的决策变量集合 $K(1)$ 相同，不再赘述。进入工作站 W_2 的产品数量 $x_2 = x_1(1-f_1)$，且全部为合格品。

由于从工作站 W_1 中没有缺陷品流出，因而当 $k_2 = 0$ 和 $k_3 = 0$ 时，工作站 W_2 和 W_3 中产品情况与情形二中的决策变量集合 K（0，0）相同。工作站 W_2 产生的成本包含生产成本、转序成本和惩罚成本，有：

$$X_2^0 = x_2 p_2 + \alpha_{23} x_2 \varepsilon_2 + \beta_2 x_2 \varepsilon_2 \tag{3.16}$$

工作站 W_3 产生的成本包含生产成本和惩罚成本，有：

$$X_3^0 = x_3 p_3 + \beta_3 x_3 \varepsilon_3 \tag{3.17}$$

（5）工作站 W_1 不设置检验站，工作站 W_2、W_3 设置检验站，决策变量集合 K（0，1，1）。

当 $k_1 = 0$ 和 $k_2 = 1$ 时，进入工作站 W_3 的产品数量为 $x_3 = x_2(1-f_2)$。根据表3.1可知，进入工作站 W_3 的产品中含数量为 $x_1 \varepsilon_1 (1-f_2)$ 的缺陷品，缺陷类型为 Fa_1，占进入工作站 W_3 中所有产品的比例为 $x_1 \varepsilon_1 (1-f_2)/x_3$。由于在工作站 W_2 中设置了检验站，因而进入工作站 W_3 的产品中不含缺陷类型 Fa_2。工作站 W_3 生产的产品中，含缺陷类型 Fa_3 的缺陷品数量为 $x_3 \varepsilon_3$。缺陷品中同时含缺陷类型 Fa_1 和 Fa_3 的缺陷品数量为 $x_1 \varepsilon_1 \varepsilon_3 (1-f_2)$，只含缺陷类型 Fa_3 的缺陷品数量为 $\varepsilon_3 [x_3 - \varepsilon_1 x_1 (1-f_2)]$，只含缺陷类型 Fa_1 的缺陷品数量为 $x_1 \varepsilon_1 (1-f_2)(1-\varepsilon_3)$。由于 $k_3 = 1$，则从生产线中流出的所有缺陷品中，只含缺陷类型 Fa_1。由于 $k_2 = 1$，则从检验站 I_2 中报废的含缺陷类型 Fa_1 的缺陷品数量为 $x_1 \varepsilon_1 f_2$，产生转序成本。上述分析结果在表3.3中进行总结。

表 3.3　　K（0，1，1）情形下的缺陷品类型、数量、
处置模式及成本类型

缺陷类型		处置模式	数量	成本类型
只含 Fa_1		接收	$x_1\varepsilon_1(1-f_2)(1-\varepsilon_3)$	α_{13},β_1
含 Fa_3	只含 Fa_3	返工（接收）	$R_3[x_3-x_1\varepsilon_1(1-f_2)]$	r_3
		报废	$f_3[x_3-x_1\varepsilon_1(1-f_2)]$	s_3
	同时含 Fa_1 和 Fa_3	返工（接收）	$R_3x_1\varepsilon_1(1-f_2)$	r_3,α_{13},β_1
		报废	$f_3x_1\varepsilon_1(1-f_2)$	s_3,α_{13}

工作站 W_1 产生的成本包含生产成本、转序成本和惩罚成本，有：

$$X_1^0 = x_1p_1 + x_1\varepsilon_1[\alpha_{12}f_2+\alpha_{13}(1-f_2)]+\beta_1\varepsilon_1x_1(1-f_2)(1-f_3) \tag{3.18}$$

工作站 W_2 产生的成本与情形二中的决策变量集合 $K(0,1)$ 相同，有：

$$X_2^1 = x_2c'_2+x_2f_2s_2+x_2R_2r_2+F_2 \tag{3.19}$$

工作站 W_3 产生的成本包含检验站固定成本、生产成本和检验成本、返工成本及报废成本，有：

$$X_3^1 = x_3c'_3+x_3f_3s_3+x_3R_3r_3+F_3 \tag{3.20}$$

（6）工作站 W_1 不设置检验站，工作站 W_2 设置检验站，工作站 W_3 不设置检验站，决策变量集合 $K(0,1,0)$。

当 $k_1=0$ 和 $k_2=1$ 时，进入工作站 W_3 的产品数量为 $x_3=x_2(1-f_2)$，进入工作站 W_3 的产品中含数量为 $x_1\varepsilon_1(1-f_2)$ 的缺陷品，缺陷类型为 Fa_1，占进入工作站 W_3 中所有产品的比例为 $x_1\varepsilon_1(1-f_2)/x_3$。由于在工作站 W_2 中设置了检验站，因而进入工作站 W_3 的产品中不含缺陷类型 Fa_2。工作站 W_3 生产的产品中，含缺陷类型 Fa_3 的缺陷品数量为 $x_3\varepsilon_3$。缺陷品中同时含缺陷类型 Fa_1 和 Fa_3 的缺陷品数量为 $x_1\varepsilon_1\varepsilon_3(1-f_2)$，只含缺陷类型 Fa_3 的缺陷品数量为 $\varepsilon_3[x_3-x_1\varepsilon_1(1-f_2)]$，只含缺陷类型 Fa_1 的缺陷品数量为 $x_1\varepsilon_1(1-f_2)(1-\varepsilon_3)$。由于 $k_2=1$，则从检验站 I_2 中报废的含缺陷类型 Fa_1 的缺陷品数量为 $x_1\varepsilon_1f_2$，产生转序成本。由于 $k_3=0$，含缺陷类型 Fa_1 或 Fa_3 的缺陷

品全部从生产线中流出，如表3.4所示。

表3.4　　$K(0,1,0)$情形下的缺陷品类型、数量、处置模式及成本类型

缺陷类型		处置模式	数量	成本类型
只含Fa_1		接收	$x_1\varepsilon_1(1-f_2)(1-\varepsilon_3)$	α_{13},β_1
含Fa_3	只含Fa_3	接收	$\varepsilon_3[x_3-x_1\varepsilon_1(1-f_2)]$	β_3
	同时含Fa_1和Fa_3	接收	$x_1\varepsilon_1\varepsilon_3(1-f_2)$	$\alpha_{13},\beta_1,\beta_3$

工作站W_1产生的成本包含生产成本、转序成本和惩罚成本，有：

$$X_1^0 = x_1 p_1 + x_1\varepsilon_1[\alpha_{12}f_2 + \alpha_{13}(1-f_2)] + \beta_1\varepsilon_1 x_1(1-f_2) \tag{3.21}$$

工作站W_2产生的成本与情形二中的决策变量集合$K(0,1)$相同，有：

$$X_2^1 = x_2 c'_2 + x_2 f_2 s_2 + x_2 R_2 r_2 + F_2 \tag{3.22}$$

工作站W_3产生的成本包含生产成本和惩罚成本，有：

$$X_3^0 = x_3 p_3 + \beta_3 x_3 \varepsilon_3 \tag{3.23}$$

（7）工作站W_1、W_2均不设置检验站，工作站W_3设置检验站，决策变量集合$K(0,0,1)$。

由情形二中的决策变量集合$K(0,0)$可知，当$k_1=0$且$k_2=0$时，进入工作站W_3的缺陷品中，同时含缺陷类型Fa_1和Fa_2的缺陷品数量为$x_1\varepsilon_1\varepsilon_2$，只含缺陷类型$Fa_2$的缺陷品数量为$x_2\varepsilon_2-x_1\varepsilon_1\varepsilon_2$，只含缺陷类型$Fa_1$的缺陷品数量为$x_1\varepsilon_1-x_1\varepsilon_1\varepsilon_2$。当$k_3=1$时，从生产线流出的产品中不含缺陷类型$Fa_3$，含缺陷类型$Fa_1$或$Fa_1$。相关数据如表3.5所示。

表3.5　　$K(0,0,1)$情形下的缺陷品类型、数量、处置模式及成本类型

缺陷类型	处置模式	数量	成本类型
只含Fa_1	接收	$x_1\varepsilon_1(1-\varepsilon_2)(1-\varepsilon_3)$	α_{13},β_1
只含Fa_2	接收	$\varepsilon_2(x_2-x_1\varepsilon_1)(1-\varepsilon_3)$	α_{23},β_2

续表

缺陷类型	处置模式	数量	成本类型
只含 Fa_3	返工（接收）	$R_3(x_3-x_1\varepsilon_1-x_2\varepsilon_2+x_1\varepsilon_1\varepsilon_2)$	r_3
	报废	$f_3(x_3-x_1\varepsilon_1-x_2\varepsilon_2+x_1\varepsilon_1\varepsilon_2)$	s_3
同时含 Fa_1 和 Fa_2	接收	$x_1\varepsilon_1\varepsilon_2(1-\varepsilon_3)$	α_{13}, α_{23}, β_1, β_2
同时含 Fa_1 和 Fa_3	返工（接收）	$R_3x_1\varepsilon_1(1-\varepsilon_2)$	r_3, α_{13}, β_1
	报废	$f_3x_1\varepsilon_1(1-\varepsilon_2)$	s_3, α_{13}
同时含 Fa_2 和 Fa_3	返工（接收）	$R_3\varepsilon_2(x_2-x_1\varepsilon_1)$	r_3, α_{23}, β_2
	报废	$f_3\varepsilon_2(x_2-x_1\varepsilon_1)$	s_3, α_{23}
同时含 Fa_1、Fa_2 和 Fa_3	返工（接收）	$R_3x_1\varepsilon_1\varepsilon_2$	r_3, α_{13}, α_{23}, β_1, β_2
	报废	$f_3x_1\varepsilon_1\varepsilon_2$	s_3, α_{13}, α_{23}

工作站 W_1 产生的成本包含生产成本、转序成本和惩罚成本，有：

$$X_1^0 = x_1p_1 + \alpha_{13}\varepsilon_1x_1 + \beta_1\varepsilon_1x_1(1-f_3) \tag{3.24}$$

工作站 W_2 产生的成本包含生产成本、转序成本和惩罚成本，有：

$$X_2^0 = x_2p_2 + \alpha_{23}\varepsilon_2x_2 + \beta_2\varepsilon_2x_2(1-f_3) \tag{3.25}$$

工作站 W_3 产生的成本包含检验站固定成本、生产成本和检验成本、返工成本及报废成本，有：

$$X_3^1 = x_3c'_3 + x_3f_3s_3 + x_3R_3r_3 + F_3 \tag{3.26}$$

（8）工作站 W_1、W_2 和 W_3 均不设置检验站，决策变量集合 $K(0, 0, 0)$。

当三个工作站中都不设置检验站时，所有缺陷品都会从生产线中流出。相关数据如表3.6所示。

表3.6　　$K(0, 0, 0)$ 情形下的缺陷品类型、数量、处置模式及成本类型

缺陷类型	处置模式	数量	成本类型
只含 Fa_1	接收	$x_1\varepsilon_1(1-\varepsilon_2)(1-\varepsilon_3)$	α_{13}, β_1
只含 Fa_2	接收	$\varepsilon_2(x_2-x_1\varepsilon_1)(1-\varepsilon_3)$	α_{23}, β_2
只含 Fa_3	接收	$\varepsilon_3(x_3-x_1\varepsilon_1-x_2\varepsilon_2+x_1\varepsilon_1\varepsilon_2)$	β_3
同时含 Fa_1 和 Fa_2	接收	$x_1\varepsilon_1\varepsilon_2(1-\varepsilon_3)$	α_{13}, α_{23}, β_1, β_2

续表

缺陷类型	处置模式	数量	成本类型
同时含 Fa_1 和 Fa_3	接收	$x_1\varepsilon_1\varepsilon_3(1-\varepsilon_2)$	α_{13}, β_1, β_2
同时含 Fa_2 和 Fa_3	接收	$\varepsilon_2\varepsilon_3(x_2-x_1\varepsilon_1)$	α_{23}, β_2, β_3
同时含 Fa_1、Fa_2 和 Fa_3	接收	$x_1\varepsilon_1\varepsilon_2\varepsilon_3$	α_{13}, α_{23}, β_1, β_2, β_3

工作站 W_1 产生的成本包含生产成本、转序成本和惩罚成本，有：

$$X_1^0 = x_1 p_1 + \alpha_{13}\varepsilon_1 x_1 + \beta_1\varepsilon_1 x_1 \tag{3.27}$$

工作站 W_2 产生的成本包含生产成本、转序成本和惩罚成本，有：

$$X_2^0 = x_2 p_2 + \alpha_{23}\varepsilon_2 x_2 + \beta_2\varepsilon_2 x_2 \tag{3.28}$$

工作站 W_3 产生的成本包含生产成本和惩罚成本，有：

$$X_3^0 = x_3 p_3 + \beta_3 x_3 \varepsilon_3 \tag{3.29}$$

综上所述，对具有 m 个工作站的串行生产线，根据每个工作站中线上检验站的设置情况，目标为生产线总成本最小，因此目标函数为 $\min C$，有：

$$\min C = \sum_{i=1}^{m} X_i^1 k_i + \sum_{i=1}^{m-1}\left[x_i p_i + \beta_i x_i \varepsilon_i F(i, m) + \sum_{j=i+1}^{m-1} k_j \alpha_{ij} x_i \varepsilon_i f_j F(i, j-1) + \alpha_{im} x_i \varepsilon_i F(i, m-1)\right]$$
$$(1-k_i) + (x_m p_m + \beta_m x_m \varepsilon_m)(1-k_m)$$

$$\text{s.t.} \begin{cases} x_1 = N \\ X_i^1 = x_i c'_i + x_i f_i s_i + x_i R_i r_i + F_i & i = 1, 2, \cdots, m \\ F(i, j) = \sum_{t=i+1}^{j}(1-f_t k_t) & i < j \\ F(i, j) = 1 & i \geq j \\ \alpha_{ij} = 0 & i \geq j \\ x_{i+1} = x_i(1-f_i)k_i + x_i(1-k_i) & \forall i \\ x_i > 0 & \forall i \\ k_i \in \{0, 1\} & \forall i \end{cases}$$

$$\tag{3.30}$$

二 流通合格率分析

流通合格率是指每一个工作站的合格率的乘积。由定义可知，如果生产线上有 m 个工作站，则有：

$$Y_T = \prod_{i=1}^{m}(1-\varepsilon_i) \tag{3.31}$$

如果在工作站 W_i 中设置线上检验站，由于返工可使产品修复如新，则实际进入工作站 W_{i+1} 的合格品率大于 $(1-\varepsilon_i)$。因此当在工作站 W_i 设置检验站，则局部流通合格率 y_i 应为：

$$y_i = (1-\varepsilon_i) + R_i$$

当不在工作站 W_i 中设置检验站，则局部流通合格率 y'_i 为：

$$y'_i = 1-\varepsilon_i$$

因此，对具有 m 个工作站的串行生产线，根据每个工作站中线上检验站的设置情况，其流通合格率应表示为：

$$Y_M = \prod_{i=1}^{m}[y_i k_i + y'_i(1-k_i)] = \prod_{i=1}^{m}[(1-\varepsilon_i) + R_i k_i] \tag{3.32}$$

目标应为生产线流通合格率最大，目标函数为 $\max Y_M$。

如前所述，如果在工作站 W_i 中设置检验站，可能会使成本变大，但同时提高了工作站 W_i 的局部流通合格率，可能会使总收益升高而降低单位合格品成本。因此，问题就变为如何在生产线中设置线上检验站，使总成本最小和流通合格率最大这两个相互矛盾的目标函数达到平衡。可用单位合格品成本的最小化同时表达总成本最小和流通合格率最大这两个目标函数。通过该模型，可以得到 k_1，k_2，$\cdots$，k_m 的取值，从而确定生产线中线上检验站的位置和数量，使目标函数达到最优。

在生产线中，每个工作站中都可不设置检验站或企业给定应设置检验站的最少个数 n_0；同样地，在生产线中，每个工作站中最多可设置一个检验站或企业给定应设置检验站的最多个数 n_1。则目标函数应约束于：

$$0 \leq n_0 \leq k_1 + k_2 + \cdots + k_m \leq n_1 \leq m \tag{3.33}$$

假设企业对与生产线线上质量检验相关的一切成本有限制,应有:

$$C \leq C_{re}$$

其中,C_{re} 表示企业可接受的与生产线线上质量检验相关的一切成本的上限。

三 模型算法

首先,通过式(3.32)求得从生产线中流出的合格品的数量为 NY_M。为了得到目标函数式(3.30)和式(3.32)的最优解,可通过最小化单位合格品成本来表示。即:

$$\min Z = \frac{C}{NY_M} \tag{3.34}$$

因此,生产线线上质量检验站设置问题的最优解就变为求式(3.34)中 k_i 的最优解。

对具有 m 个工作站的串行生产线,每个工作站中都有设置或不设置检验站这两种选择,因而共有 2^m 种不同的情况。此类问题,可以用完全枚举法(Complete Enumeration Method,CEM)求解,线上检验站设置问题的 CEM 求解流程如图 3.4 所示。

具体过程描述如下:

Step 1 生产线线上检验站设置策略集合 U 可以表示为:

$U = [(k_{11}, k_{12}, \cdots, k_{1m}), (k_{21}, k_{22}, \cdots, k_{2m}), \cdots, (k_{u1}, k_{u2}, \cdots, k_{um})]$

其中,k_{di} 表示为第 d 种检验站设置策略中的工作站 W_i 的检验站设置决策,$d = 2^m$,令 $d = 0$,到 Step 2。

Step 2 令 $d = d+1$,选择第 d 种检验站设置策略,到 Step 3。

Step 3 若第 d 种检验站设置策略满足生产线的检验站设置数量要求,到 Step 4,否则到 Step 2。

Step 4 计算第 d 种检验站设置策略的 Z_d,到 Step 5。

Step 5 若生产线线上检验站设置策略集合 U 中的所有设置策略都已考虑,到 Step 6,否则到 Step 2。

Step 6 比较 Z_d 的大小,选择 Z_d 值最小为最优检验站设置策略，到 Step 7。

Step 7　结束。

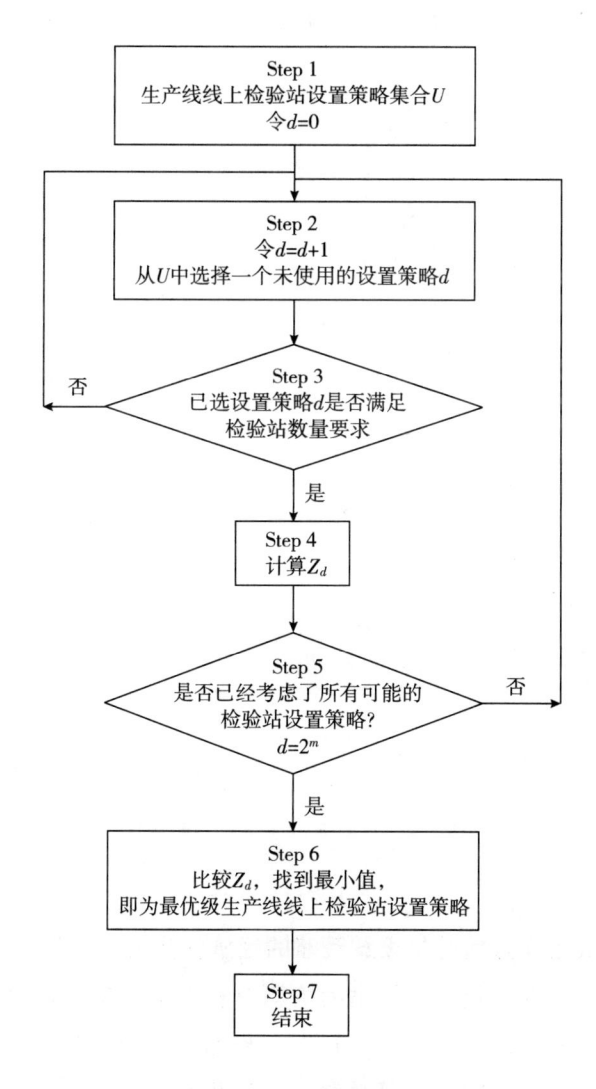

图 3.4　CEM 求解流程

除了利用 CEM 求解，还可利用二叉树搜寻最优解。算法如下：

Optimal_ location_ algorithm

Step 1 Input all parameters and equations, $Z[Op] = 10^6$

Step 2 For $d=1$, $d \leqslant 2^m$, $d=d+1$
$N[d]=0$
  For $i=1$, $i \leqslant m$, $i=i+1$
Input $k[d][i]$
$N[d]=N[d]+k[d][i]$
  If $N[d]<n_0$ or $N[d]>n_1$
  Go to Step 2
  Calculate $Z[d]$
  If $Z[d] \geqslant Z[Op]$
$Z[Op]=Z[Op]$
$Op=0$
Else $Z[Op]=Z[d]$
$Op=d$
Step 3 Output $Z[Op]$, d
Step 4 Stop
End_Optimal_location_algorithm

第三节 检验错误存在时，线上质量检验站的优化设置

一 线上质量检验站设置策略的经济性分析

缺陷品不允许报废往往是因为原材料成本或生产过程附加值较高。由于无报废品，因此进入每个工作站中的产品数量始终保持不变，等于进入生产线的产品总数 N，由此产品的生产成本可忽略不计。本节只考虑产品的单位成本。检验站 I_i 的固定成本为 F_i，当 $k_i=1$ 时，工作站 W_i 中产品的检验站单位固定成本 $\varphi_i = \dfrac{F_i}{N}$。由于生产线中不允许报废，因此由工作站 W_i 生产的含缺陷类型 Fa_i 的缺陷

品无法因其他缺陷类型的报废从生产线中剔除，最终只能从生产线中流出，产生惩罚成本 β_i 和转序成本 α_{im}，可令 $A_i = \beta_i + \alpha_{im}$（$i=1$, 2, $\cdots$, $m-1$）。

在实际生产过程中，检验错误不可避免。通常会发生两类检验错误：第一类检验错误是把合格品视为缺陷品，也称为生产者风险；第二类检验错误是把缺陷品视为合格品，也称为消费者风险。通常，第二类检验错误带来的后果更严重。由于在本节中缺陷品不报废、只返工，因此第一类检验错误的成本忽略不计，只考虑第二类检验错误。

如果在工作站 W_i 设置检验站，由于检验错误的存在，单位产品的成本 U_i^1 由五部分组成：设置检验站 I_i 的单位固定成本、单位检验成本、单位返工成本、单位惩罚成本和单位转序成本，即：

$$U_i^1 = c_i + \varepsilon_i(1-\theta_i)r_i + \varepsilon_i\theta_i A_i + \varphi_i \tag{3.35}$$

如果在工作站 W_i 不设置检验站，单位产品的成本 U_i^0 由两部分组成：单位惩罚成本和单位转序成本，即：

$$U_i^0 = \varepsilon_i A_i \tag{3.36}$$

因此，对于工作站 W_i 中的单位产品，不论是否设置检验站 I_i，单位成本为：

$$U_i = U_i^1 k_i + U_i^0(1-k_i)$$

对具有 m 个工作站的串行生产线，单位产品的总成本为 $UC = \sum_{i=1}^{m} U_i$，目标函数为 $\min UC$，有：

$$\min UC = \sum_{i=1}^{m}[c_i + \varepsilon_i(1-\theta_i)r_i + \varepsilon_i\theta_i A_i + \varphi_i]k_i + \varepsilon_i A_i(1-k_i)$$

$$\text{s.t.} \begin{cases} A_i = \beta_i + \alpha_{im} & i = 1, 2, \cdots, m-1 \\ A_m = \beta_m \\ \varphi_i = \dfrac{F_i}{N} & i = 1, 2, \cdots, m \\ k_i \in \{0, 1\} & \forall i \end{cases} \tag{3.37}$$

二 流通合格率分析

若在工作站 W_i 中设置检验站且检验无错误，则由工序 M_i 生产的缺陷品全部返工并进入下一工作站中，此时工作站 W_i 的局部流通合格率 $y_i=1$。由于检验错误的存在，从工作站 W_i 中流出的产品中必然含有一部分缺陷品，此时工作站 W_i 的局部流通合格率必有 $y_i<1$。因此，当在工作站 W_i 中设置检验站时，第二类检验错误存在时工作站 W_i 的局部流通合格率 y_i 为：

$$y_i = 1 - \beta_i \varepsilon_i$$

当不在工作站 W_i 中设置检验站时，工作站 W_i 的局部流通合格率 $y'_i = 1 - \varepsilon_i$。

对此，对具有 m 个工作站的串行生产线，检验错误存在时的流通合格率 Y_M 为：

$$Y_M = \prod_{i=1}^{m}[y_i k_i + y'_i(1-k_i)] = \prod_{i=1}^{m}[(1-\varepsilon_i) + k_i \varepsilon_i(1-\beta_i)]$$

(3.38)

第四节 数值算例

一 合格品单位成本最小时，线上质量检验站设置的最优策略

在本节中，以一个具有 9 个工作站的生产线为例，说明合格品单位成本最小时的生产线线上检验站设置问题：找出最优的检验站数量和位置。表 3.7 为该模型使用的参数值。其中，与产品个数相关的单位为"件"，与产品成本相关的单位为"元"，为表述简便，后文不再赘述。

表 3.7　　　　　　m=9 时的串行生产线参数

W_i	p_i	ε_i	f_i	c_i	s_i	r_i	β_i	F_i
1	24	0.002	0.0003	5	15	7	8	50
2	19	0.016	0.0003	6	16	8	7	50

续表

W_i	p_i	ε_i	f_i	c_i	s_i	r_i	β_i	F_i
3	18	0.061	0.0010	8	17	9	6	60
4	22	0.021	0.0002	4	18	6	5	60
5	20	0.026	0.0015	7	19	7	9	70
6	18	0.020	0.0005	5	15	8	6	50
7	30	0.010	0.0001	8	14	5	5	60
8	12	0.070	0.0008	9	20	7	7	70
9	17	0.005	0.0001	10	16	6	8	50

$\alpha_{ij}=1\ (j>i),\ N=1000$

根据第三章第二节中讨论的 CEM 算法，生产线中线上检验站设置结果的最优解为 001100010，即应该第 3、4 和 8 个工作站中设置线上检验站。在最优解中，生产线总成本为 203016.925，流通合格率为 0.922，得到的合格品单位成本为 220.309。

二 缺陷品率对最优策略的影响

由于生产线中是否设置检验站，除了与各项成本相关以外，还取决于缺陷品率，因此，在本节中讨论缺陷品率对生产线线上质量检验站设置策略的影响。

（一）缺陷品率相同

一个具有 9 个工作站的生产线，假设所有工作站中的缺陷品率相同，其他参数与表 3.7 相同，针对缺陷品率的变化求解最优检验站设置策略的结果如表 3.8 所示。

表 3.8　　　　　缺陷品率对检验站设置策略的影响

ε_i	$k_i\ (1,2,\cdots,m)$	C	Y_M	Z
0.002	000100000	184231.368	0.984	187.227
0.012	000100000	185124.856	0.908	203.882
0.022	000100000	185978.052	0.837	222.196
0.032	110101000	202454.238	0.849	238.462
0.042	111111111	244616.770	0.995	245.846
0.052	111111111	245244.615	0.995	246.477

从表 3.8 中可以看出，当各工作站中缺陷品率较低时，只需设置较少的线上检验站就可达到最优；随着缺陷品率越来越大，就需要设置更多的检验站来保证产品的质量；当缺陷品率相对较高时，需在每个工作站中都设置检验站。生产线总成本随着缺陷品率的上升而变大。

（二）缺陷品率不同

假设有 9 个工作站，编号为 A 到 I，缺陷品率互不相同，按大小顺序排列如表 3.9 所示。

表 3.9　　　　　　　　工作站的缺陷品率排序

ε_i	A	B	C	D	E	F	G	H	I
	0.001	0.006	0.011	0.016	0.021	0.026	0.031	0.036	0.041

若随机排列这 9 个工作站的加工顺序，生产线线上质量检验站设置策略的结果如表 3.10 所示。

表 3.10　　按缺陷品率大小排序时，对线上质量检验站设置策略的影响

ε_i	$k_i(1, 2, \cdots, m)$	C	Y_M	Z
ABCDEFGHI	000001000	186588.171	0.847	220.293
IABCDEFGH	100000000	186597.642	0.861	216.722
HIABCDEFG	110000000	192394.588	0.892	215.689
GHIABCDEF	111000000	200451.440	0.920	217.882
FGHIABCDE	110100000	196470.815	0.911	215.665
EFGHIABCD	000110000	192673.404	0.891	216.244
DEFGHIABC	000111000	197631.869	0.919	215.051
CDEFGHIAB	000101100	198794.900	0.916	217.025
BCDEFGHIA	000001000	186591.962	0.851	219.262

由表 3.10 中各工作站中设置检验站的次数，可得图 3.5。

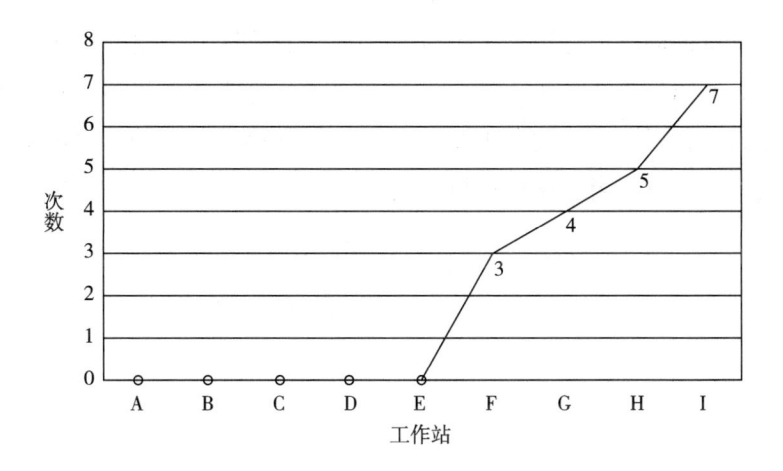

图 3.5　各工作站中设置线上质量检验站的次数

从图 3.5 中可以看出，工作站中缺陷品率越高，工作站中越有可能设置检验站；当在缺陷品率高的工作站中设置检验站时，生产成本可达到最优。

第五节　本章小结

对于串行生产线中的质量检验，只有同时考虑检验站的位置和数量这两方面内容，才能获得最大的经济效益。在本章中，以串行生产线为研究对象，综合考虑串行生产线中缺陷品的转序成本及前后工序之间的关联性，给出了生产线流通合格率的计算方法；将生产线总成本最小和生产线流通合格率最大两个目标函数合并，以单位合格品成本最小为目标，建立了串行生产线中线上质量检验站的优化设置模型，求解出生产线中最优的线上检验站数量和位置，给出了模型算法。通过引入检验错误这一影响因素，以总成本最小为目标，在缺陷品不报废的前提下，建立了线上质量检验站的优化设置模型，并给出了流通合格率的计算方法。

本章的创新点是建立了串行生产线线上质量检验站的优化设置模型，给出了相应的生产线流通合格率的计算方法和模型算法；建立了检验错误存在时的线上质量检验站的优化设置模型，给出了相应的生产线流通合格率的计算方法。

第四章 生产线线下质量检验的优化策略

生产线线上检验是一种被企业广泛接受和应用的质量保证策略。然而在有些情况下，如较长的检验时间、高额的交付期延迟成本等，使执行线上质量检验不具有可操作性。此时，就需要采用线下检验策略来保证产品的质量，这是一种需要产品始终按生产顺序排列的质量保证策略。

线下检验与抽样检验的区别在于：抽样检验按数理统计的方法，从一批待检产品中随机抽取一定数量的样本，并对样本进行全数检验，然后根据样本的检验结果推断该批产品的质量状况，并做出接收或拒收该批产品结论的过程。通常，由于设备、人员的限制，在单位工作时间内检验的产品数量有限。在一些复杂的生产过程中，如汽车行业的焊接过程，生产过程会随机产生一些波动，而这些生产波动通过抽样检验是不容易观察到的。因此，存在部分缺陷品没有被检验出来而被接收的可能性。此外，样本的大小也会带来一些实际问题：增加抽样数量势必会增加检验成本，而减小抽样数量又会降低产品质量信息的准确度。如果生产过程是稳定的，则产品无须检验，因为从稳定的生产过程中生产出来的产品必然是合格的；如果生产过程是不稳定的，即使对产品进行抽样检验，也无法得知生产过程的状态。而线下检验是指对按生产顺序排列的产品中的一小部分产品有规律地进行检验，待检产品不是随机产生的。由于被检产品之间的关联性，大大降低了生产过程波动对检验结果的影响。待检产品的结果决定了下一步检验的方向。线下检验的结果为接收一批产品中的部分产品并拒收剩余产品。

本章的符号说明如下：

N	执行线下检验的一批次产品的总数
p	生产某一产品时生产线处于可控状态的概率
$1-p$	生产某一产品时生产线从可控状态转移到不可控状态的概率，该产品为转移单元
$p_j^1(p_j^0)$	产品 j 是合格品（缺陷品）的概率
TU_j	产品是转移单元的概率（当生产线不具有波动性时，即为该批产品中的第一个缺陷品）
C_I	待检产品的单位检验成本
C_P	错接缺陷品时产生的单位惩罚成本
C_S	错拒合格品时产生的单位惩罚成本
Z_j	生产产品 j 时的生产线状态，$Z_j=1$ 表示生产线处于可控状态，$Z_j=0$ 表示生产线处于不可控状态
Y_j	产品 j 的检验结果，$Y_j=1$ 表示检验结果为合格品，$Y_j=0$ 表示检验结果为缺陷品
θ_1	生产线处于可控状态时，生产缺陷品的比例，令 $\theta'_1=1-\theta_1$ 表示可控状态时，生产合格品的比例
θ_2	生产线处于不可控状态时，生产缺陷品的比例，令 $\theta'_2=1-\theta_2$ 表示不可控状态时，生产合格品的比例
$S(b_1, b_2)$	待检产品集合以产品 b_1 为首、产品 b_2 为尾，且产品 b_2 的质量信息未知，$CS(b_2-b_1+1)$ 表示待检产品集合 $S(b_1, b_2)$ 的期望总成本
$L(b_1, b_2)$	待检产品集合以产品 b_1 为首、产品 b_2 为尾，且已知产品 b_2 为缺陷品，$CL(b_2-b_1+1)$ 表示待检产品集合 $L(b_1, b_2)$ 的期望总成本

符号	含义
$M(b_1, b_2)$	待检产品集合以产品 b_1 为首、产品 b_2 为尾，且已知产品 b_2 为合格品，$CM(b_2-b_1+1)$ 表示待检产品集合 $M(b_1, b_2)$ 的期望总成本
$S_{1(0)}(b_1+1, b_2)$	产品 b_1 为合格品（缺陷品）的待检产品集合 $S(b_1+1, b_2)$
$L_{1(0)}(b_1+1, b_2)$	产品 b_1 为合格品（缺陷品）的待检产品集合 $L(b_1+1, b_2)$
$M_{1(0)}(b_1+1, b_2)$	产品 b_1 为合格品（缺陷品）的待检产品集合 $M(b_1+1, b_2)$
$A(k^{1(0)}, l^{1(0)})$	表示产品 k 为合格品（缺陷品）且产品 l 为合格品（缺陷品）的事件
X	一批产品中的合格品数量的期望值
α	产品产自生产线可控状态的置信度
$P_S^{1(0)}$	$P_S^{1(0)} = (p_{b_1}^{1(0)}, p_{b_1+1}^{1(0)}, \cdots, p_j^{1(0)}, \cdots, p_{b_2}^{1(0)})$ 表示在待检产品集合 $S(b_1, b_2)$ 中，当产品 $j(b_1 \leqslant j \leqslant b_2)$ 为合格品（缺陷品）时，产品 b_1 至产品 b_2 产自可控状态的概率
$P_L^{1(0)}$	$P_L^{1(0)} = (p_{b_1}^{1(0)-0}, p_{b_1+1}^{1(0)-0}, \cdots, p_j^{1(0)-0}, \cdots, p_{b_2}^{1(0)-0})$ 表示在待检产品集合 $L(b_1, b_2)$ 中，当产品 $j(b_1 \leqslant j \leqslant b_2)$ 为合格品（缺陷品）时，产品 b_1 至产品 b_2 产自可控状态的概率
$P_M^{1(0)}$	$P_M^{1(0)} = (p_{b_1}^{1(0)-1}, p_{b_1+1}^{1(0)-1}, \cdots, p_j^{1(0)-1}, \cdots, p_{b_2}^{1(0)-1})$ 表示在待检产品集合 $M(b_1, b_2)$ 中，当产品 $j(b_1 \leqslant j \leqslant b_2)$ 为合格品（缺陷品）时，产品 b_1 至产品 b_2 产自可控状态的概率

$u(v)$	产品 j 为合格品（缺陷品）时，接收产品数量的取值范围的指标变量
t	待检产品的单位检验时间
$c_i^{t\prime}$	检验时间不可忽略时的单位检验成本
$I_S(b_2-b_1+1)$	待检产品集合 $S(b_1, b_2)$ 的期望线下检验次数
$I_L(b_2-b_1+1)$	待检产品集合 $L(b_1, b_2)$ 的期望线下检验次数
$I_M(b_2-b_1+1)$	待检产品集合 $M(b_1, b_2)$ 的期望线下检验次数
$CS_t(N)$	检验时间不可忽略时，待检产品集合 $S(1, N)$ 的期望总成本

本章的假设条件如下：

（1）在生产开始之时，生产线处于可控状态。生产线在生产过程中的任一时刻可依概率 $1-p$ 从可控状态转移到不可控状态。一旦进入不可控状态，生产线就保持在该状态直至生产结束。

（2）生产产品 $j+1$ 时的生产线状态与产品 j 的检验结果互相独立，有：

$$P(Z_{j+1}=1 | Y_j=y, Z_j) = P(Z_{j+1}=1 | Z_j)$$

（3）每个产品只检验一次，且检验无错误。

第一节 线下质量检验的优化分析和一般模型

生产线的线下检验，是在产品全部完成生产加工后进行的。在一般模型中，当假设生产线不具有生产波动性且检验无错误时，对于按生产顺序完成排列的产品，可根据被检产品是否符合质量特性要求，做出生产线是处于可控状态还是不可控状态的判断。在生产初始阶段，生产线处于可控状态并且只生产合格品。一段时间后，生产状态会依概率 $1-p$ 从可控状态变为不可控状态，在状态转移发生时刻生产的产品称为转移单元。一旦生产线进入不可控状态,则一直保持在该状态直至该工序生产结束,且生产出来的产品都是缺陷品。因此,产品按照生产的先后顺序,可以分为两个不相交的集合:合格品和紧随其后缺陷品,且转移单元为该批 N 个产品中的第一个缺陷品。

如果可以获得转移单元的位置信息,则最优的线下检验策略即为接收转移单元之前的所有产品,并拒收剩余所有产品,但通常这是不现实的。当检验不存在错误或生产线不具有生产波动性时,对该批产品中的某一产品进行检验,就可获得与生产线状态相关的信息。若被检产品为缺陷品,则生产线在生产该产品之前就已进入"不可控状态",由此该被检产品之后的所有产品拒收,此时待检产品集合就缩小为该被检产品之前的所有产品;若被检产品为合格品,则生产线在生产加工该产品时还处于"可控状态",由此该被检产品之前的所有产品接收,此时待检产品集合就缩小为该被检产品之后的所有产品。如此经过反复检验后,可以获得更多的关于产品质量和生产线状态的信息,从而对该批 N 个产品做出接收、返工接收或报废的决策。

线下检验问题的目标可以转化为:在一个给定区间中,如何寻找目标点,使结果最优。如果对一个给定区间中的某一点进行检验,就可以获得与目标点位置相关的方向信息,根据方向信息寻找目标点,可以使用二分检索法,在日常生活中,查字典就是一个典型的例子。二分检索法是解决线下检验策略问题常用的方法,使用过程如下:首先在一批 N 个产品中选择产品 j 进行检验(非随机指定),则待检产品集合可以分为两部分:产品 j 之前的所有产品和产品 j 之后所有的产品。若产品 j 是合格品,接收产品 1 至产品 j,产品 $j+1$ 至产品 N 组成新的待检产品集合,则下一次的检验区间就缩短为 $(j+1, n)$;若产品 j 是缺陷品,拒收产品 j 至产品 N,产品 1 至产品 $j-1$ 组成新的待检产品集合,则下一次的检验区间缩短为 $(1, j)$。目标是使线下检验策略的总成本最小,总成本包括检验成本、惩罚成本等。执行线下质量检验策略如图 4.1 所示。

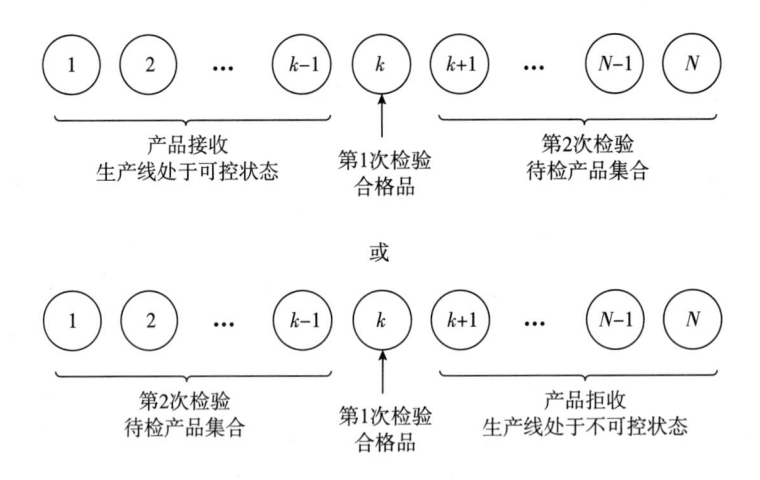

图 4.1 执行线下质量检验策略

一 建立模型

产品 j 是合格品，相当于生产线在生产前 j 个产品时生产状态没有发生转移，即生产产品 j 时生产线保持在"可控状态"。生产线状态转移概率服从几何分布，因此有：

$$P(Y_j=1) = P(Z_j=1) = p^j$$

同样地，产品 j 是缺陷品，相当于生产线在生产前 j 个产品时生产状态发生转移，即生产产品 j 时生产线处在"不可控状态"，因此有：

$$P(Y_j=0) = P(Z_j=0) = 1-p^j$$

由于生产线是从"可控状态"开始的，经过一段时间后进入"不可控状态"，并保留在该状态直至生产结束。若产品 k 是合格品，那么在产品 k 之前生产的所有产品都是合格品；同样地，若产品 k 是不合格品，那么在产品 k 之后生产的所有产品都是缺陷品。由此可以得到：

$$P(Y_j=1 \mid Y_k=1) = 1, \quad j<k$$

$P(Y_l = 0 | Y_k = 0) = 1, \quad k < l$

由贝叶斯定理,可以得到其他的条件概率:

$P(Y_j = 0 | Y_k = 0) = \dfrac{1-p^j}{1-p^k}, \quad j < k,$

$P(Y_l = 1 | Y_k = 1) = p^{l-k}, \quad k < l$

除此之外,根据基本概率公式,还可以得到一些变量之间的关系式,如:

$TU_1 = 1-p,$

$TU_j = P(Y_{j-1} = 1) - P(Y_j = 1) = p^{j-1}(1-p), \quad \forall j > 1$

$P(Y_j = 1) = 1 - \sum_{m=1}^{j} TU_m$

二 不检策略

为了获得最优线下检验策略,首先应该考虑最优不检策略。因为当单位检验成本很高时,有可能不执行线下检验(接收全部产品、拒收全部产品或者接收一部分产品并拒收剩余所有产品)时的总成本更低。因此,首先需要找到最优的不检策略,再找到最优的检验策略,将两者进行对比,找到所有待检产品集合的最优检验/处置策略,使总成本最小。

(一)无先验信息

由于对待检产品集合执行不检策略,则必须考虑两类错误:错误拒收合格品和错误接收缺陷品。考虑产品 j($1 \leq j \leq N$),其为缺陷品的概率为 $1-p^j$,若错误接收了产品 j,则会产生惩罚成本 C_P,因此期望惩罚成本为 $C_P(1-p^j)$;同样地,产品 j($1 \leq j \leq N$)为合格品的概率为 p^j,若错误拒收了产品 j,则会产生惩罚成本 C_S,因此期望惩罚成本为 $C_S p^j$。可以发现,$C_P(1-p^j)$ 的值随着 j 值变大而变大,而 $C_S p^j$ 的值随着 j 值变大而变小。即当 j 较小时,应更倾向于接收产品 j;当 j 较大时,应更倾向于拒收产品 j。因此,从式(4.1)中求得平衡点 j^*:

$$C_P(1-p^j) = C_S p^j \tag{4.1}$$

解得：

$$j^* = \left\lfloor \frac{\log[C_P/(C_S+C_P)]}{\log p} \right\rfloor \tag{4.2}$$

其中，$\lfloor x \rfloor$ 表示取不大于 x 的最大整数。

由此，最优的不检策略是接收待检产品集合中的前 j^* 个产品，并拒收剩余所有产品。从式（4.2）中可以看出，平衡点 j^* 的大小与待检产品集合的大小无关。注意，当 $j^*=0$ 时表示所有待检产品都拒收，当 $j^*>N$ 时表示所有待检产品都接收，可令 $j^*=N$。因此，不检策略的总成本即为两类惩罚成本之和：

（1）在前 j^* 个产品中，错接缺陷品产生的期望惩罚成本：

$$\sum_{i=1}^{j^*} C_P(1-p^i) = C_P[j^* - p(1-p^{j^*})/(1-p)] \tag{4.3}$$

其中，$j^* - p(1-p^{j^*})/(1-p)$ 表示在前 j^* 个产品中，缺陷品的期望数量。

（2）在后 $(N-j^*)$ 个产品中，错拒合格品产生的期望惩罚成本：

$$\sum_{i=j^*+1}^{N} C_S p^i = C_S(p^{j^*+1} - p^{N+1})/(1-p) \tag{4.4}$$

其中，$(p^{j^*+1}-p^{N+1})/(1-p)$ 表示在后 $(N-j^*)$ 个产品中，合格品的期望数量。

因此，对于有 N 个产品的待检产品集合，最优不检策略的成本即为式（4.3）与式（4.4）的和：

$$C_P[j^*-p(1-p^{j^*})/(1-p)]+C_S(p^{j^*+1}-p^{N+1})/(1-p) \tag{4.5}$$

（二）有先验信息

若在待检产品集合中，已知最后一个产品为缺陷品，则错接缺陷品 j 产生的期望惩罚成本为 $C_p(1-p^j)/(1-p^N)$，错拒合格品 j 产生的期望惩罚成本为 $C_s(p^j-p^N)/(1-p^N)$。由此，在有先验信息的情形下，平衡点 j^* 由式（4.6）可得：

$$\frac{C_P(1-p^j)}{1-p^N} = \frac{C_S(p^j-p^N)}{1-p^N} \tag{4.6}$$

解得：

$$j^* = \left\lfloor \frac{\log[(C_P+p^N C_S)/(C_S+C_P)]}{\log p} \right\rfloor \tag{4.7}$$

无论 j、N、p 的取值大小，式（4.6）左边始终大于 0；当 $j=N$ 时，式（4.6）右边等于 0；当 $j>N$ 时，式（4.6）右边小于 0。因此，j^* 一定小于 N。

同式（4.3）至式（4.5），在已有先验信息的条件下，不检策略的总成本仍为两类惩罚成本之和：

（1）在前 j^* 个产品中，错接缺陷品产生的期望惩罚成本：

$$\sum_{i=1}^{j^*} \frac{C_P(1-p^j)}{1-p^N} = C_P\left[\frac{j^*}{1-p^N} - \frac{p(1-p^{j^*})}{(1-p)(1-p^N)}\right] \tag{4.8}$$

（2）在后 $(N-j^*)$ 个产品中，错拒合格品产生的期望惩罚成本：

$$\sum_{i=j^*+1}^{N} \frac{C_S(p^i-p^N)}{1-p^N} = C_S\left[\frac{p^{j^*+1}-p^{N+1}}{(1-p)(1-p^N)} - \frac{(N-j^*)p^N}{1-p^N}\right] \tag{4.9}$$

因此，对于有 N 个产品的待检产品集合，当已知产品 N 是缺陷品时，最优不检策略的成本即为式（4.8）与式（4.9）的和：

$$C_P\left[\frac{j^*}{1-p^N} - \frac{p(1-j^*)}{(1-p)(1-p^N)}\right] + C_S\left[\frac{p^{j^*+1}-p^{N+1}}{(1-p)(1-p^N)} - \frac{(N-j^*)p^N}{1-p^N}\right] \tag{4.10}$$

（三）最优线下质量检验策略

在对待检产品集合进行检验时，每一次选择的待检产品都与上一次的检验结果有关。假如对产品 j 进行检验，当检验结果为合格品时，若检验还需继续，则下一次的检验产品应在产品 $j+1$ 至产品 N 之间（产品 1 至产品 j 接收）。由于几何分布的无记忆性，待检产品集合除了大小发生了变化（从 N 变为 $N-j$），其他均与检验产品 j 之前的情况相同；当检验结果为缺陷品时，若检验还需继续，则下一次的检验产品应在产品 1 至产品 $j-1$ 之间（产品 j 至产品 N 拒收)。由于已知产品 j 是缺陷品,则生产线在生产前 j 个产品时必然发生了状态转移,因而待检产品集合的大小为 j,其中产品 j 为已知的缺陷品,即为有先验信息情形。

综上所述,对待检产品集合进行检验时,会碰到以下两种情形之一:①待检产品集合中最后一个产品的质量信息未知;②待检产品集合中最后一个产品的质量信息已知且为缺陷品。则下检验的最优检验/处置策略的递归方程为:

$$V(k) = \min\{\min_{1 \leq j \leq k}\{C_I + P(X_j=0)G(j) + P(X_j=1)V(k-j)\}, V^0(k)\},$$
(4.11)

$$G(k) = \min\{\min_{1 \leq j \leq k-1}\{C_I + P(X_j=0|X_k=0)G(j) + P(X_j=1|X_k=0)G(k-j)\}, G^0(k)\}$$
(4.12)

其中,$V^0(k)$ 表示待检产品集合大小为 k 且最后一个产品的质量信息未知时,最优不检策略的成本,可由式(4.5)获得;$V^1(k,j)$ 表示待检产品集合大小为 k 且最后一个产品的质量信息未知时,检验产品 j 时的成本;$V(k)$ 表示待检产品集合大小为 k 且最后一个产品的质量信息未知时,最优检验/处置策略的成本,有:

$$V(k) = \min\{\min_{1 \leq j \leq k}\{V^1(k,j)\}, V^0(k)\}$$

其中,$G^0(k)$ 表示待检产品集合大小为 k 且最后一个产品为缺陷品时,最优不检策略的成本,可由式(4.10)获得;$G^1(k,j)$ 表示待检产品集合大小为 k 且最后一个产品为缺陷品时,检验产品 j 时的成本;$G(k)$ 表示待检单元集合大小为 k 且最后一个产品为缺陷品时,最优检验/处置策略的成本,有:

$$G(k) = \min\{\min_{1 \leq j \leq k}\{G^1(k,j)\}, G^0(k)\}$$

对于递归方程(4.11)和方程(4.12),边界条件为 $G(1)=1$ 和 $V(0)=0$。对于 N 个待检产品,最优检验/处置策略的成本可通过 $V(N)$ 获得。

在本章中,第二节讨论了在忽略检验时间和检验错误的前提条件下,当生产波动性存在时的线下检验策略,给出了该条件下的不检策略、线下检验策略和停检规则，同时提出了检验策略执行的流程。第三节将第二节的模型扩展到检验时间不可忽略的情形，给出了线下检验执行次数和检验总成本的计算方法。第二节中的模型在第四节中给出了数值算例，并进行了灵敏度分析。

第二节 检验时间可忽略且生产波动性存在时的线下质量检验策略

当生产波动性存在时，若生产线处于可控状态，会以较大的概率生产合格品，同时也会生产缺陷品；同样，若生产线处于不可控状态，会以较大的概率生产缺陷品，同时也会生产合格品。

因此，若产品 k 是合格品，则有两种可能：

（1）生产线处于可控状态且生产波动性没有产生影响，即在可控状态下生产合格品。

（2）生产线处于不可控状态且生产波动性产生了影响，即在不可控状态下生产合格品。

由此，无法根据产品 k 的质量信息获得生产线的质量状态。在本节中，利用置信度 α 来确定生产某个产品时生产线所处的生产状态。α 的取值由生产者或消费者来确定，如果生产者具有较高的生产水平或者消费者有较高的质量需求，则 α 的取值应较大；否则，α 的取值应较小。

一 建立模型

用 p_k^0 表示产品 k 是缺陷品的概率为：

$$p_k^0 = P(Z_k=1)P(Y_k=0|Z_k=1) + P(Z_k=0)P(Y_k=0|Z_k=0)$$
$$= p^k \theta_1 + (1-p^k)\theta_2 \qquad (4.13)$$

同样地，用 p_k^1 表示产品 k 是合格品的概率为：

$$p_k^1 = P(Z_k=1)P(Y_k=1|Z_k=1) + P(Z_k=0)P(Y_k=1|Z_k=0)$$

$$= p^k \theta'_1 + (1-p^k)\theta'_2 \tag{4.14}$$

假设，检验产品 k 且产品 l 为转移单元，则需要对两种情况进行讨论：

（1）当 $l \leq k$ 时，即生产产品 k 时生产线一定处于不可控状态，则有：

$$P(Z_k=1|Z_l=0)=0,\ P(Z_k=0|Z_l=0)=1,\quad l \leq k$$

（2）当 $l>k$ 时，即生产产品 k 时生产线一定处于可控状态，则有：

$$P(Z_k=1|Z_l=0)=1,\ P(Z_k=0|Z_l=0)=0,\ l>k$$

与一般模型不同的是，当生产波动性存在时，待检产品的质量信息和生产线状态并不能通过已检产品的检验结果进行推断。因此，就需要在已知检验结果的情况下，通过贝叶斯定理获得未知信息。

如果产品 k 的检验结果是合格品，那么在产品 k 之前生产的产品 h 是合格品和生产产品 h 时生产线处于可控状态的概率分别为：

$$P(Y_h=1|Y_k=1)=\frac{p^k\theta'^2_1+(p^h-p^k)\theta'_1\theta'_2+(1-p^h)\theta'^2_2}{p^1_k},\ 1\leq h \leq k \tag{4.15}$$

$$P^{1-1}_h=P(Z_h=1|Y_k=1)=\frac{p^k\theta'_1+(p^h-p^k)\theta'_2}{p^1_k},\ 1\leq h \leq k \tag{4.16}$$

在产品 k 之后生产的产品 l 是合格品和生产产品 l 时生产线处于可控状态的概率分别为：

$$P(Y_l=1|Y_k=1)=\frac{p^l\theta'^2_1+(p^k-p^l)\theta'_1\theta'_2+(1-p^k)\theta'^2_2}{p^1_k},\ k\leq l \leq N \tag{4.17}$$

$$P^{1-1}_l=P(Z_l=1|Y_k=1)=\frac{p^l\theta'_1}{p^1_k},\ k\leq l \leq N \tag{4.18}$$

同样地，如果产品 k 的检验结果是缺陷品，那么在产品 k 之前生产的产品 h 是合格品和生产产品 h 时生产线处于可控状态的概率分别为：

$$P(Y_h=1\mid Y_k=0)=\frac{p^k\theta_1\theta'_1+(p^h-p^k)\theta'_1\theta_2+(1-p^h)\theta_2\theta'_2}{p_k^0},\ 1\leqslant h\leqslant k$$
(4.19)

$$P_h^{1-0}=P(Z_h=1\mid Y_k=0)=\frac{p^k\theta_1(p^h-p^k)\theta_2}{p_k^0},\ 1\leqslant h\leqslant k \quad (4.20)$$

在产品 k 之后生产的产品 l 是合格品和生产产品 l 时生产线处于可控状态的概率分别为：

$$P(Y_l=1\mid Y_k=0)=\frac{p^l\theta_1\theta'_1+(p^k-p^l)\theta'_1\theta_2+(1-p^k)\theta_2\theta'_2}{p_k^0},\ k\leqslant l\leqslant N$$
(4.21)

$$P_h^{1-0}=P(Z_h=1\mid Y_k=0)=\frac{p^l\theta_1}{p_k^0},\ k\leqslant l\leqslant N \quad (4.22)$$

当事件 $A(j^1,N^0)$ 发生时，生产产品 k 时生产线处于可控状态的概率为：

$$p_k^{1-1-0}=P[Z_k=1\mid A(j^1,N^0)]$$

$$=\begin{cases}\dfrac{p^N\theta_1\theta'_1+(p^j-p^N)\theta_2\theta'_1+(p^k-p^j)\theta_2\theta'_2}{p^N\theta_1\theta'_1+(p^j-p^N)\theta_2\theta'_1+(1-p^j)\theta_2\theta'_2} & 1\leqslant k\leqslant j,\\[2mm] \dfrac{p^N\theta_1\theta'_1+(p^k-p^N)\theta_2\theta'_1}{p^N\theta_1\theta'_1+(p^j-p^N)\theta_2\theta'_1+(1-p^j)\theta_2\theta'_2} & j<k\leqslant N\end{cases}$$
(4.23)

二 不检策略

如果不对产品进行检验，则需要执行不检策略。本节中，在 Raz 等(2000)、Wang 和 Chien(2008)、Bendavid 和 Herer(2008)等学者的模型基础上，提出了三种不同情形下的不检策略，也是为下一节中的线下检验策略提供支持。对于任一产品，当错拒成本大于错接成本时，该产品应接收。根据 Bendavid 和 Herer(2008)提出的推论 1.1，在待检产品集合中，必然存在一个产品 k^*，在其之前的所有产品(包括产品 k^*)都接收，并拒收剩余所有产品。下面对三种不同的情形进行讨论。

情形一　待检产品集合中没有产品质量信息

情形 1.1　待检产品集合 $S(1, N)$ 的不检策略。

由式(4.13)可知，产品 k 是缺陷品的概率随 k 值的变大而变大，这也符合直观感觉，即越在后面生产的产品，就越有可能产生缺陷。对任一产品 $k(1 \leq k \leq N)$，错接和错拒成本分别为 $C_P p_k^0$ 和 $C_S p_k^1$，则产品 k^* 应是满足下式的最大值：

$$C_S p_k^1 \geq C_P p_k^0$$

解得：

$$p^k \geq \frac{C_P \theta_2 - C_S \theta'_2}{(C_P + C_S)(\theta_2 - \theta_1)} \tag{4.24}$$

因此，不检策略的期望总成本为：

$$CS^0(1, N) = C_p \sum_{k=1}^{k^*} p_k^0 + C_s \sum_{k=k^*+1}^{N} p_k^1 \tag{4.25}$$

情形 1.2　待检产品集合 $S_1(j+1, N)$ 的不检策略。

产品 k^* 应是满足下式的最大值：

$$C_S P(Y_k = 1 | Y_j = 1) \geq C_P P(Y_k = 0 | Y_j = 1)$$

解得：

$$p^k \geq \frac{[p^j(\theta_2 - \theta_1) + \theta'_2](C_P \theta_2 - C_S \theta'_2)}{\theta'_1 (C_P + C_S)(\theta_2 - \theta_1)} \tag{4.26}$$

因此，不检策略的期望总成本为：

$$CS_1^0(j+1, N) = C_P \sum_{k=j+1}^{k^*} P(Y_k = 0 | Y_j = 1) + C_S \sum_{k=k^*+1}^{N} P(Y_k = 1 | Y_j = 1) \tag{4.27}$$

情形 1.3　待检产品集合 $S_0(j+1, N)$ 的不检策略。

产品 k^* 应是满足下式的最大值：

$$C_S P(Y_k = 1 | Y_j = 0) \geq C_P P(Y_k = 0 | Y_j = 0)$$

解得：

$$p^k \geq \frac{[\theta_2 - p^j(\theta_2 - \theta_1)](C_P \theta_2 - C_S \theta'_2)}{\theta_1 (C_P + C_S)(\theta_2 - \theta_1)} \tag{4.28}$$

因此，不检策略的期望总成本为：

$$CS_0^0(j+1, N) = C_P \sum_{k=j+1}^{k^*} P(Y_k = 0 \mid Y_j = 0) + C_S$$
$$\sum_{k=k^*+1}^{N} P(Y_k = 1 \mid Y_j = 0) \quad (4.29)$$

在情形 1.1 中，当 $k^* = N$ 时，若不等式 (4.24) 仍然成立，则待检产品集合 $S(1, N)$ 全部接收；当 $k^* < 1$ 时，若不等式 (4.24) 不成立，则待检产品集合 $S(1, N)$ 全部拒收，并令 $k^* = 0$。在情形 1.2 和情形 1.3 中，当 $K^* = N$ 时，若不等式 (4.26) 或不等式 (4.28) 仍然成立，则待检产品集合 $S_1(j+1, N)$ 或 $S_0(j+1, N)$ 全部接收；若 $k^* < j+1$ 时，不等式 (4.26) 或不等式 (4.28) 不成立，则待检产品集合 $S_1(j+1, N)$ 或 $S_0(j+1, N)$ 全部拒收，并令 $k^* = j$。

情形二 待检产品集合中最后一个产品是缺陷品

情形 2.1 待检产品集合 $L(1, N)$ 的不检策略

产品 k^* 应是满足下式的最大值：

$$C_S P(Y_k = 1 \mid Y_N = 0) \geq C_P P(Y_k = 0 \mid Y_N = 0)$$

解得：

$$p^k \geq \frac{p^N(C_S \theta'_1 - C_P \theta_1)}{\theta_2(C_P + C_S)} + \frac{C_P \theta_2 - C_S \theta'_2}{(C_P + C_S)(\theta_2 - \theta_1)} \quad (4.30)$$

因此，不检策略的期望总成本为：

$$CL^0(1, N) = C_P \sum_{k=1}^{k^*} P(Y_k = 0 \mid Y_N = 0) + C_S$$
$$\sum_{k=k^*+1}^{N-1} P(Y_k = 1 \mid Y_N = 0) \quad (4.31)$$

情形 2.2 待检产品集合 $L_1(j+1, N)$ 的不检策略

单元 k^* 应是满足下式的最大值：

$$C_S P(Y_k = 1 \mid A(j^1, N^0)) \geq C_P P(Y_k = 0 \mid A(j^1, N^0))$$

解得：

$$p^k \geq \frac{p^N(C_S \theta'_1 - C_P \theta_1)}{\theta_2(C_P + C_S)} + \frac{[p^j(\theta_2 - \theta_1) + \theta'_2](C_P \theta_2 - C_S \theta'_2)}{(C_P + C_S)(\theta_2 - \theta_1)\theta'_1} \quad (4.32)$$

因此，不检策略的期望总成本为：

$$CL_1^0(j+1, N) = C_P \sum_{k=j+1}^{k^*} P[Y_k = 0 \mid A(j^1, N^0)] +$$

$$C_S \sum_{k=k^*+1}^{N-1} P[Y_k = 1 \mid A(j^1, N^0)] \qquad (4.33)$$

情形2.3　待检产品集合 $L_0(j+1, N)$ 的不检策略

产品 k^* 应是满足下式的最大值：

$$C_S P[Y_k = 1 \mid A(j^0, N^0)] \geq C_P P[Y_k = 0 \mid A(j^0, N^0)]$$

解得：

$$p^k \geq \frac{p^N(C_S\theta'_1 - C_P\theta_1)}{\theta_2(C_P + C_S)} + \frac{[p^j(\theta_1-\theta_2)+\theta_2](C_P\theta_2 - C_S\theta'_2)}{(C_P+C_S)(\theta_2-\theta_1)\theta_1} \qquad (4.34)$$

因此，不检策略的期望总成本为：

$$CL_0^0(j+1, N) = C_P \sum_{k=j+1}^{k^*} P[Y_k = 0 \mid A(j^0, N^0)] +$$

$$C_S \sum_{k=k^*+1}^{N-1} P[Y_k = 1 \mid A(j^0, N^0)] \qquad (4.35)$$

在情形2.1中，当 $k^*=N-1$ 时，若不等式（4.30）仍然成立，则待检产品集合 $L(1, N)$ 全部接收；当 $k^*<1$ 时，若不等式（4.30）不成立，则待检产品集合 $L(1, N)$ 全部拒收，并令 $k^*=0$。此时，由于产品 N 的质量信息已知，因此无论该产品是接收还是拒收，均不产生成本，在以下情形中对产品 N 的处理方式相同，因而不再单独提及产品 N。在情形2.2和情形2.3中，当 $k^*=N-1$ 时，若不等式（4.32）或不等式（4.34）仍然成立，则待检产品集合 $L_1(j+1, N)$ 或 $L_0(j+1, N)$ 全部接收；当 $k^*<j+1$ 时，若不等式（4.32）或不等式（4.34）不成立，则待检产品集合 $L_1(j+1, N)$ 或 $L_0(j+1, N)$ 全部拒收，并令 $k^*=j$。注意，在情形2.2和情形2.3中，如果待检产品集合中只有一个产品，此时不检策略的总成本为0。

情形三　待检产品集合中最后一个产品是合格品

情形3.1　待检产品集合 $M(1, N)$ 的不检策略

产品 k^* 应是满足下式的最大值：

$$C_S P(Y_k = 1 | Y_N = 1) \geqslant C_P P(Y_k = 0 | Y_N = 1)$$

解得：

$$p^k \geqslant \frac{p^N (C_P \theta_1 - C_S \theta'_1)}{\theta'_2 (C_P + C_S)} + \frac{C_P \theta_2 - C_S \theta'_2}{(C_P + C_S)(\theta_2 - \theta_1)} \tag{4.36}$$

因此，不检策略的期望总成本为：

$$CM^0(1, N) = C_P \sum_{k=1}^{k^*} P(Y_k = 0 | Y_N = 1) + C_S \sum_{k=k^*+1}^{N-1} P(Y_k = 1 | Y_N = 1) \tag{4.37}$$

情形3.2　待检产品集合 $M_1(j+1, N)$ 的不检策略

产品 k^* 应是满足下式的最大值：

$$C_S P(Y_k = 1 | A(j^1, N^1)) \geqslant C_P P(Y_k = 0 | A(j^1, N^1))$$

解得：

$$p^k \geqslant \frac{p^N (C_P \theta_1 - C_S \theta'_1)}{\theta'_2 (C_P + C_S)} + \frac{[p^j (\theta_2 - \theta_1) + \theta'_2](C_P \theta_2 - C_S \theta'_2)}{(C_P + C_S)(\theta_2 - \theta_1) \theta'_1} \tag{4.38}$$

因此，不检策略的期望总成本为：

$$CM_1^0(j+1, N) = C_P \sum_{k=j+1}^{k^*} P[Y_k = 0 | A(j^1, N^1)] + C_S \sum_{k=k^*+1}^{N-1} P[Y_k = 1 | A(j^1, N^1)] \tag{4.39}$$

情形3.3　待检产品集合 $M_0(j+1, N)$ 的不检策略

产品 k^* 应是满足下式的最大值：

$$C_S P[Y_k = 1 | A(j^0, N^1)] \geqslant C_P P[Y_k = 0 | A(j^0, N^1)]$$

解得：

$$p^k \geqslant \frac{p^N (C_P \theta_1 - C_S \theta'_1)}{\theta'_2 (C_P + C_S)} + \frac{[p^j (\theta_1 - \theta_2) + \theta_2](C_P \theta_2 - C_S \theta'_2)}{(C_P + C_S)(\theta_2 - \theta_1) \theta_1} \tag{4.40}$$

因此，不检策略的期望总成本为：

$$CM_0^0(j+1, N) = C_P \sum_{k=j+1}^{k^*} P[Y_k = 0 | A(j^0, N^1)] +$$

$$C_S \sum_{k=k^*+1}^{N-1} P[Y_k = 1 \mid A(j^0, N^1)] \qquad (4.41)$$

在情形 3.1 中，当 $k^* = N-1$ 时，若不等式（4.36）仍然成立，则待检产品集合全部接收；当 $k^* < 1$ 时，若不等式（4.36）不成立，则待检产品集合 $M(1, N)$ 全部拒绝，并令 $k^* = 0$。此时，由于产品 N 的质量信息已知，因此无论该产品是接收还是拒绝，均不产生成本，在以下情形中对产品 N 的处理方式相同，因而不再单独提及产品 N。在情形 3.2 和情形 3.3 中，当 $k^* = N-1$ 时，若不等式（4.38）或不等式（4.40）仍然成立，则待检产品集合 $M_1(j+1, N)$ 或 $M_0(j+1, N)$ 全部接收；当 $k^* < j+1$ 时，若不等式（4.38）或不等式（4.40）不成立，则待检产品集合 $M_1(j+1, N)$ 或 $M_0(j+1, N)$ 全部拒绝，并令 $k^* = j$。注意，在情形 3.2 和情形 3.3 中，如果待检产品集合中只有一个产品，不检策略的总成本为 0。

三 线下质量检验策略

在本部分中，基于不检策略的三种情形，讨论线下检验策略。

情形一 待检产品集合 $S(1, N)$

1. 确定检验产品

产品 l （$1 \leq l \leq N$）为转移单元的概率是 $p^{l-1}(1-p)$，此时有 $X = l-1$。生产线中未发生状态转移的概率为 p^N，此时有 $X = N$。因此，在可控状态下生产产品数量的期望值为：

$$E[X] = \sum_{l=1}^{N} (l-1)p^{l-1}(1-p) + Np^N = \frac{p(1-p^N)}{1-p} \qquad (4.42)$$

根据非等分分治算法，令产品 k 为被检产品，则由式（4.42）得 k 的取值为：

$$k = \left\lfloor \frac{p(1-p^N)}{1-p} \right\rfloor < N \qquad (4.43)$$

由于生产波动性的存在，k 的取值一定小于 N。当 $k = 0$ 时，对待检产品集合执行不检策略。

2. 检验结果

（1）产品 k 的检验结果为合格品。

将概率向量 P_S^1 中的元素与置信度 α 比较,则处于可控状态的概率大于等于 α 的产品接收,剩余所有产品组成新的待检产品集合。k^* 应是满足下式的最大值:

$$k^* = \arg \max_{1 \leq k \leq N} \{k | P(Z_k = 1 | Y_k = 1) \geq \alpha\} \quad (4.44)$$

若不存在满足式(4.44)的 k 值,令 $k^* = 0$。当 k^* 存在时,接收前 k^* 个产品,有:

①若 $k \leq k^* < N$,待检产品集合缩小为 $S(k^*+1, N)$。当 $k^* = N$ 时,线下检验结束。

②若 $0 \leq k^* < k$,由于 k 等于可控状态下生产产品数量的期望值,待检产品集合缩小为 $M(k^*+1, k)$。此时,对待检产品集合 $S_1(k+1, N)$ 执行不检策略。

(2)产品 k 的检验结果为缺陷品。

将概率向量 P_S^0 中的元素与置信度 α 比较,则处于可控状态的概率大于等于 α 的产品接收,剩余所有产品组成新的待检产品集合。k^* 应是满足下式的最大值:

$$k^* = \arg \max_{1 \leq k \leq N} \{k | P(Z_k = 1 | Y_k = 0) \geq \alpha\} \quad (4.45)$$

若不存在满足式(4.45)的 k 值,令 $k^* = 0$。当 k^* 存在时,接收前 k^* 个产品,有:

①若 $k \leq k^* < N$,产品 k 拒收且待检产品集合缩小为 $S(k^*+1, N)$。当 $k^* = N$ 时,线下检验结束。

②若 $0 \leq k^* < k$,由于 k 等于可控状态下生产产品数量的期望值,则待检产品集合缩小为 $L(k^*+1, k)$。此时,对待检产品集合 $S_0(k+1, N)$ 执行不检策略。

性质 4.1 待检产品集合 $S(k^*+1, N)$,可用 $S(1, N-k^*)$,$0 \leq k^* \leq N-1$ 来表示。

证明:由于几何分布的无记忆性,在待检产品集合 $S(k^*+1, N)$ 中,对于任一产品 k($k^*+1 \leq k \leq N$),生产产品 k 时生产线处于可控状态的概率等于待检产品集合 $S(1, N-k^*)$ 中生产产品($k-$

k^*)时生产线处于可控状态的概率,有:

$$P(Z_k=1 \mid Z_{k^*}=1) = \frac{p^{k^*}p^{k-k^*}}{p^{k^*}} = p^{k-k^*} = P(Z_{k-k^*}=1)$$

待检产品集合 $S(k^*+1, N)$ 中的产品 k 是合格品的概率等于待检产品集合 $S(1, N-k^*)$ 中产品 $(k-k^*)$ 是合格品的概率,有:

$$\begin{aligned} P(Y_k=1 \mid Z_{k^*}=1) &= \frac{p^{k^*}p^{k-k^*}\theta'_1 + p^{k^*}(1-p^{k-k^*})\theta'_2}{p^{k^*}} \\ &= p^{k-k^*}\theta'_1 + (1-p^{k-k^*})\theta'_2 \\ &= P(Y_{k-k^*}=1) \end{aligned}$$

由此,待检产品集合 $S(k^*+1, N)$ 可用 $S(1, N-k^*)$, $0 \leq k^* \leq N-1$ 来表示。

待检产品集合 $S(1, N)$ 的线下检验策略如表4.1所示。

表4.1　　待检产品集合 $S(1, N)$ 的线下质量检验策略

待检产品	由式(4.43)获得	
质量信息	产品 k 是合格品	产品 k 是缺陷品
根据 α,生产于可控状态的产品数量	由式(4.44)获得	由式(4.45)获得
检验策略　$k \leq k^* < N$	接收前 k^* 个产品,待检产品集合 $S(k^*+1, N)$	产品 k 拒收
检验策略　$0 \leq k^* < k$	接收前 k^* 个产品	
	待检产品集合 $M(k^*+1, k)$, $S_1(k+1, N)$ 执行不检策略	待检产品集合 $L(k^*+1, k)$, $S_0(k+1, N)$ 执行不检策略

3. 待检产品集合 $S(1, N)$ 的线下检验成本

对于待检产品集合 $S(1, N)$,线下检验成本 $CS^1(N)$ 由以下五部分组成:

(1) SG_1:若产品 k 是合格品且生产产品 k^* 时生产线处于可控状态下,错接缺陷品的惩罚成本可表示为:

$$SG_1 = \begin{cases} 0, & k^* = 0, \\ C_P \sum_{i=1}^{k^*} P(Y_i = 0 \mid Y_k = 1, Z_{k^*} = 1), & 0 < k^* \leq N \end{cases}$$

其中，

$$\begin{cases} P(Y_i=0 \mid Y_k=1, Z_{k^*}=1) = \dfrac{p^k \theta_1 \theta'_1 + (p^{k^*}-p^k)\theta_1 \theta'_2}{p^k \theta'_1 + (p^{k^*}-p^k)\theta'_2} = \theta_1, & 0<k^*<k, \\ P(Y_i=0 \mid Y_k=1, Z_{k^*}=1) = \dfrac{p^k \theta_1 \theta'_1}{p^{k^*} \theta'_1} = \theta_1, & k \leq k^* \leq N \end{cases}$$

因此，SG_1 可表示为：

$$SG_1 = k^* C_P \theta_1, \quad 0 \leq k^* \leq N \tag{4.46}$$

（2）SG_0：若产品 k 是缺陷品且生产产品 k^* 时生产线处于可控状态下，错接缺陷品的惩罚成本可表示为：

$$SG_0 = \begin{cases} k^* C_P \theta_1, & 0 \leq k^* < k, \\ (k^*-1) C_P \theta_1, & k < k^* \leq N \end{cases} \tag{4.47}$$

由于产品 k 是缺陷品，接收或拒收均不会产生惩罚成本。

（3）$CS_1^0(k+1, N)$：待检产品集合 $S_1(k+1, N)$ 的不检成本，由式（4.27）求得。

（4）$CS_0^0(k+1, N)$：待检产品集合 $S_0(k+1, N)$ 的不检成本，由式（4.29）求得。

（5）剩余待检产品集合的期望总成本。

因此，当产品 k 是合格品时，检验成本为：

$$CS^1(N \mid Y_k=1) = \begin{cases} CM(k-k^*) + SG_1 + CS_1^0(k+1, N), & 0 \leq k^* < k, \\ CS(N-k^*) + SG_1, & k \leq k^* \leq N \end{cases}$$

当产品 k 是缺陷品时，检验成本为：

$$CS^1(N \mid Y_k=0) = \begin{cases} CL(k-k^*) + SG_0 + CS_0^0(k+1, N), & 0 \leq k^* < k, \\ CS(N-k^*) + SG_0, & k \leq k^* \leq N \end{cases}$$

综上所述，若对产品 k 进行线下检验，则期望总检验成本为：

$$CS^1(N) = C_I + p_k^1 CS^1(N \mid Y_k = 1) + p_k^0 CS^1(N \mid Y_k = 0) \qquad (4.48)$$

情形二 待检产品集合 $L(1, N)$，$N>1$

1. 确定检验产品

在待检产品集合 $L(1, N)$ 中（当 $N=1$ 时无须检验），若产品 l（$1 \leq l \leq N$）为转移单元，在已知产品 N 是缺陷品的前提下，X 各个取值的概率为：

$$P(X \mid Y_N = 0) = \begin{cases} \dfrac{p^{l-1}(1-p)\theta_2}{p_N^0}, & X = l-1, \ 1 \leq l \leq N, \\ \dfrac{p^N \theta_1}{p_N^0}, & X = N \end{cases}$$

根据非等分分治算法，令产品 k 为被检产品，则 k 的取值为：

$$k = \lfloor E[X \mid Y_N = 0] \rfloor = \left\lfloor \dfrac{Np^N(1-p)(\theta_1 - \theta_2) + p\theta_2(1-p^N)}{(1-p)p_N^0} \right\rfloor < N \qquad (4.49)$$

由于生产波动性的存在，k 的取值一定小于 N。当 $k=0$ 时，对待检产品集合执行不检策略。

2. 检验结果

（1）产品 k 的检验结果为合格品。

与式（4.44）相似，k^* 应是满足下式的最大值：

$$k^* = \max\left\{\arg\max_{1 \leq k \leq N}\{k \mid P(Z_k = 1 \mid A(k^1, N^0)) \geq \alpha\}, 0\right\} \qquad (4.50)$$

接收前 k^* 个产品，有：

①若 $k \leq k^* < N$，待检产品集合缩小为 $L(k^*+1, N)$。当 $k^* = N$ 时，线下检验结束，除产品 N 以外所有产品接收。

②若 $0 \leq k^* < k$，由于 k 等于可控状态下生产产品数量的期望值，则待检产品集合缩小为 $M(k^*+1, k)$。此时，对待检产品集合 $L_1(k+1, N)$ 执行不检策略。

（2）产品 k 的检验结果为缺陷品。

与式（4.45）相似，k^* 应是满足下式的最大值：

$$k^* = \max\{\arg\max_{1 \leq k \leq N}\{k \mid P(Z_k = 1 \mid A(k^0, N^0)) \geq \alpha\}, 0\} \quad (4.51)$$

接收前 k^* 个产品，且有：

①若 $k \leq k^* < N$，产品 k 拒收且待检产品集合缩小为 $L(k^*+1, N)$。

②若 $0 \leq k^* < k$，由于 k 等于可控状态下生产产品数量的期望值，待检产品集合缩小为 $L(k^*+1, k)$。此时，对待检产品集合 $L_0(k+1, N)$ 执行不检策略。

性质 4.2　待检产品集合 $L(k^*+1, N)$，可用 $L(1, N-k^*)$，$0 \leq k^* \leq N-1$ 来表示。

证明：由于几何分布的无记忆性，在待检产品集合中 $L(k^*+1, N)$，对于任一产品 $k(k^*+1 \leq k \leq N)$，生产产品 k 时生产线处于可控状态的概率等于待检产品集合 $L(1, N-k^*)$ 中生产产品 $(k-k^*)$ 时生产线处于可控状态的概率，有：

$$P(Z_k = 1 \mid Z_{k^*} = 1, Y_N = 0) = \frac{p^{k^*} p^{k-k^*} p^{N-k} \theta_1 + p^{k^*} p^{k-k^*}(1-p^{N-k})\theta_2}{p^{k^*} p^{N-k^*} \theta_1 + p^{k^*}(1-p^{N-k^*})\theta_2}$$

$$= \frac{p^{N-k^*} \theta_1 + (p^{k-k^*} - p^{N-k^*})\theta_2}{p^{N-k^*} \theta_1 + (1-p^{N-k^*})\theta_2}$$

$$= P(Z_{k-k^*} = 1 \mid Y_{N-k^*} = 0)$$

待检产品集合 $L(k^*+1, N)$ 中的产品 k 是合格品的概率等于待检产品集合 $L(1, N-k^*)$ 中产品 $(k-k^*)$ 是合格品的概率，即：

$$P(Y_k = 1 \mid Z_{k^*} = 1, Y_N = 0)$$

$$= \frac{p^{k^*} p^{k-k^*} p^{N-k} \theta_1 \theta'_1 + p^{k^*} p^{k-k^*}(1-p^{N-k})\theta_2 \theta'_1 + p^{k^*}(1-p^{k-k^*})\theta_2 \theta'_2}{p^{k^*} p^{N-k^*} \theta_1 + p^{k^*}(1-p^{N-k^*})\theta_2}$$

$$= \frac{p^{N-k^*} \theta_1 \theta'_1 + (p^{k-k^*} - p^{N-k^*})\theta_2 \theta'_1 + (1-p^{k-k^*})\theta_2 \theta'_2}{p^{N-k^*} \theta_1 + (1-p^{N-k^*})\theta_2}$$

$$= P(Y_{k-k^*} = 1 \mid Y_{N-k^*} = 0)$$

由此，待检产品集合 $L(k^*+1, N)$ 可用 $L(1, N-k^*)$，$0 \leq k^* \leq N-1$ 来表示。

待检产品集合 $L(1, N)$ 的线下检验策略如表 4.2 所示。

表 4.2　　待检产品集合 L（1，N）的线下质量检验策略

待检产品	由式（4.49）获得	
质量信息	产品 k 是合格品	产品 k 是缺陷品
根据 α，生产于可控状态的产品数量	由式（4.50）获得	由式（4.51）获得
检验策略　$k \leq k^* < N$	接收前 k^* 个产品，待检产品集合 $L(k^*+1, N)$	
	—	产品 k 拒收
检验策略　$0 \leq k^* < k$	接收前 k^* 个产品	
	待检产品集合 $M(k^*+1, k)$，$L_1(k+1, N)$ 执行不检策略	待检产品集合 $L(k^*+1, k)$，$L_0(k+1, N)$ 执行不检策略

3. 待检产品集合 L（1，N）的线下检验成本

对于待检产品集合 L（1，N），线下检验成本 $CL^1(N)$ 由以下五部分组成：

（1）LG_1：若产品 k 是合格品且生产产品 k^* 时生产线处于可控状态，则错接缺陷品的惩罚成本可以表示为：

$$LG_1 = \begin{cases} 0, & k^* = 0, \\ C_P \sum_{i=1}^{k^*} P(Y_i = 0 | A(k^1, N^0), Z_{k^*} = 1), & 0 < k^* \leq N-1, \\ C_P \sum_{i=1}^{N-1} P(Y_i = 0 | A(k^1, N^0), Z_{k^*} = 1), & k^* = N \end{cases}$$

其中，

$$\begin{cases} P(Y_i=0|A(k^1, N^0), Z_{k^*}=1) = \dfrac{p^N \theta_1^2 \theta'_1 + (p^{k^*}-p^N)\theta_1\theta_2\theta'_1 + (p^{k^*}-p^N)\theta_1\theta_2\theta'_1}{p^N \theta_1\theta'_1 + (p^{k^*}-p^N)\theta_2\theta'_1 + (p^{k^*}-p^N)\theta_2\theta'_1} = \theta_1, & 0 < k^* < k, \\ P(Y_i=0|A(k^1, N^0), Z_{k^*}=1) = \dfrac{p^N \theta_1^2 \theta'_1 + (p^{k^*}-p^N)\theta_1\theta_2\theta'_1}{p^N \theta_1\theta'_1 + (p^{k^*}-p^N)\theta_2\theta'_1} = \theta_1, & k \leq k^* \leq N-1 \end{cases}$$

因此，LG_1 可表示为：

$$LG_1 = \begin{cases} k^* C_P \theta_1, & 0 \leqslant k^* < N-1, \\ (k^*-1) C_P \theta_1, & k^* = N \end{cases} \quad (4.52)$$

由于产品 k 是缺陷品,接收或拒收均不会产生惩罚成本。

(2) LG_0:若产品 k 是缺陷品且生产产品 k^* 时生产线处于可控状态下,则错接缺陷品的惩罚成本可以表示为:

$$LG_0 = \begin{cases} k^* C_P \theta_1, & 0 \leqslant k^* < k, \\ (k^*-1) C_P \theta_1, & k \leqslant k^* < N, \\ (k^*-2) C_P \theta_1, & k^* = N \end{cases} \quad (4.53)$$

由于产品 k 和产品 N 是缺陷品,接收或拒收均不会产生惩罚成本。

(3) $CL_1^0(k+1, N)$:待检产品集合 $L_1(k+1, N)$ 的不检成本,由式(4.33)求得。

(4) $CL_0^0(k+1, N)$:待检产品集合 $L_0(k+1, N)$ 的不检成本,由式(4.35)求得。

(5) 剩余待检产品集合的期望总成本。

因此,当产品 k 是合格品时,检验成本为:

$$CL^1(N|A(k^1, N^0)) = \begin{cases} CL(k-k^*) + LG_1 + CL_1^0(k+1, N), & 0 \leqslant k^* < k, \\ CL(N-k^*) + LG_1, & k \leqslant k^* \leqslant N \end{cases}$$

当产品 k 是缺陷品时,检验成本为:

$$CL^1(N|A(k^0, N^0)) = \begin{cases} CL(k-k^*) + LG_0 + CL_0^0(k+1, N), & 0 \leqslant k^* < k, \\ CL(N-k^*) + LG_0, & k \leqslant k^* \leqslant N \end{cases}$$

综上所述,若对产品 k 进行线下检验,期望总检验成本为:

$$CL^1(N) = C_I + P(Y_k=1|Y_N=0) CL^1(N|A(k^1, N^0)) + \\ P(Y_k=0|Y_N=0) CL^1(N|A(k^0, N^0)) \quad (4.54)$$

情形三 待检产品集合 $M(1, N)$,$N>1$

1. 确定检验产品

在待检产品集合 $M(1, N)$ 中($N=1$ 时无须检验),若产品 l ($1 \leqslant l \leqslant N$)为转移单元,在已知产品 N 是合格品的前提下,X 各取值的概率为：

$$P(X|Y_N=1) = \begin{cases} \dfrac{p^{l-1}(1-p)\theta'_2}{p_N^1}, & X=l-1,\ 1 \leqslant l \leqslant N, \\ \dfrac{p^N \theta'_1}{p_N^1}, & X=N \end{cases}$$

根据非等分分治算法，令产品 k 为被检产品，则 k 的取值为：

$$k = \lfloor E[X|Y_N=1] \rfloor = \left\lfloor \frac{Np^N(1-p)(\theta_2-\theta_1) + p\theta'_2(1-p^N)}{(1-p)p_N^1} \right\rfloor < N \tag{4.55}$$

由于生产波动性的存在，k 的取值一定小于 N。当 $k=0$ 时，对待检产品集合执行不检策略。

2. 检验结果

（1）产品 k 的检验结果为合格品。

与式（4.44）和式（4.50）相似，k^* 应是满足下式的最大值：

$$k^* = \max\{\arg\max_{1 \leqslant k \leqslant N}\{k | P(Z_k=1|A(k^1,N^1)) \geqslant \alpha\}, 0\} \tag{4.56}$$

接收前 k^* 个产品，且有：

①若 $k \leqslant k^* < N$，则待检产品集合缩小为 $M(k^*+1, N)$。当时 $k^* = N$，线下检验结束，所有产品接收。

②若 $0 \leqslant k^* < k$，由于 k 等于可控状态下生产产品数量的期望值，则待检产品集合缩小为 $M(k^*+1, k)$。此时，对待检产品集合 $M_1(k+1, N)$ 执行不检策略。

（2）产品 k 的检验结果为缺陷品。

与式（4.45）和式（4.51）相似，k^* 应是满足下式的最大值：

$$k^* = \max\{\arg\max_{1 \leqslant k \leqslant N}\{k | P(Z_k=1|A(k^0,N^1)) \geqslant \alpha\}, 0\} \tag{4.57}$$

接收前 k^* 个产品，且有：

①若 $k \leqslant k^* < N$，产品 k 拒接且待检产品集合缩小为 $M(k^*+1, N)$。

②若 $0 \leqslant k^* < k$，由于 k 等于可控状态下生产产品数量的期望值，则待检产品集合缩小为 $L(k^*+1, k)$。此时，对待检产品集合 M_1

($k+1$, N) 执行不检策略。

性质4.3 待检产品集合 $M(k^*+1, N)$，可用 $M(1, N-k^*)$，$0 \leqslant k^* \leqslant N-1$ 来表示。

证明：由于几何分布的无记忆性，在待检产品集合 $M(k^*+1, N)$ 中，对于任一产品 k ($k^*+1 \leqslant k \leqslant N$)，生产产品 k 时生产线处于可控状态的概率等于待检产品集合 $M(1, N-k^*)$ 中生产产品 ($k-k^*$) 时生产线处于可控状态的概率，有：

$$P(Z_k=1 \mid Z_{k^*}=1, Y_N=1) = \frac{p^{k^*} p^{k-k^*} p^{N-k} \theta'_1 + p^{k^*} p^{k-k^*}(1-p^{N-k})\theta'_2}{p^{k^*} p^{N-k^*} \theta'_1 + p^{k^*}(1-p^{N-k^*})\theta'_2}$$

$$= \frac{p^{N-k^*}\theta'_1 + (p^{k-k^*}-p^{N-k^*})\theta'_2}{p^{N-k^*}\theta'_1 + (1-p^{N-k^*})\theta'_2}$$

$$= P(Z_{k-k^*}=1 \mid Y_{N-k^*}=1)$$

待检产品集合 $M(k^*+1, N)$ 中的产品 k 是合格品的概率等于待检产品集合 $M(1, N-k^*)$ 中产品 ($k-k^*$) 是合格品的概率，即：

$$P(Y_k=1 \mid Z_{k^*}=1, Y_N=1)$$

$$= \frac{p^{k^*} p^{N-k^*} \theta'^2_1 + p^{k^*} p^{k-k^*}(1-p^{N-k})\theta'_1\theta'_2 + p^{k^*}(1-p^{k-k^*})\theta'^2_2}{p^{k^*} p^{N-k^*}\theta'_1 + p^{k^*}(1-p^{N-k^*})\theta'_2}$$

$$= \frac{p^{N-k^*}\theta'^2_1 + (p^{k-k^*}-p^{N-k^*})\theta'_1\theta'_2 + (1-p^{k-k^*})\theta'^2_2}{p^{N-k^*}\theta'_1 + (1-p^{N-k^*})\theta_2}$$

$$= P(Y_{k-k^*}=1 \mid Y_{N-k^*}=1)$$

由此，待检产品集合 $M(k^*+1, N)$ 可用 $M(1, N-k^*)$，$0 \leqslant k^* \leqslant N-1$ 来表示。

待检产品集合 $M(1, N)$ 的线下质量检验策略如表4.3所示。

表4.3　待检产品集合 $M(1, N)$ 的线下质量检验策略

待检产品	由式（4.55）获得	
质量信息	产品 k 是合格品	产品 k 是缺陷品

续表

待检产品		由式（4.55）获得	
根据 α，生产于可控状态的产品数量		由式（4.56）获得	由式（4.57）获得
检验策略	$k \leqslant k^* < N$	接收前 k^* 个产品，待检产品集合 $M(k^*+1, N)$	
		—	产品 k 拒收
	$0 \leqslant k^* < k$	接收前 k^* 个产品	
		待检产品集合 $M(k^*+1, k)$，$M_1(k+1, N)$ 执行不检策略	待检产品集合 $L(k^*+1, k)$，$M_0(k+1, N)$ 执行不检策略

3. 待检产品集合 $M(1, N)$ 的线下检验成本

对于待检产品集合 $M(1, N)$，线下检验成本 $CM^1(N)$ 由以下五部分组成：

(1) MG_1：若产品 k 是合格品且生产产品 k^* 时生产线处于可控状态下，则错接缺陷产品的惩罚成本可以表示为：

$$MG_1 = \begin{cases} 0, & k^* = 0, \\ C_P \sum_{i=1}^{k^*} P(Y_i = 0 | A(k^1, N^1), Z_{k^*} = 1), & 0 < k^* \leqslant N \end{cases}$$

其中，

$$\begin{cases} P(Y_i=0|A(k^1,N^1), Z_{k^*}=1) = \dfrac{p^N \theta_1 {\theta'_1}^2 + (p^k - p^N)\theta_1 \theta'_1 \theta'_2 + (p^{k^*} - p^k)\theta_1 {\theta'_2}^2}{p^N {\theta'_1}^2 + (p^k - p^N)\theta'_1 \theta'_2 + (p^{k^*} - p^k){\theta'_2}^2} = \theta_1, & 0 < k^* < k \\ P(Y_i=0|A(k^1,N^1), Z_{k^*}=1) = \dfrac{p^N \theta_1 {\theta'_1}^2 + (p^{k^*} - p^N)\theta_1 \theta'_1 \theta'_2}{p^N {\theta'_1}^2 + (p^{k^*} - p^N)\theta'_1 \theta'_2} = \theta_1, & k \leqslant k^* \leqslant N-1 \end{cases}$$

因此，MG_1 可表示为：

$$MG_1 = k^* C_P \theta_1, \quad 0 \leqslant k^* \leqslant N \tag{4.58}$$

(2) MG_0：若产品 k 是缺陷品且生产产品 k^* 时生产线处于可控状态下，则错接缺陷品的惩罚成本可以表示为：

$$MG_0 = \begin{cases} k^* C_P \theta_1, & 0 \leqslant k^* < k \\ (k^* - 1) C_P \theta_1, & k \leqslant k^* \leqslant N \end{cases} \tag{4.59}$$

由于产品 k 是缺陷品,接收或拒收均不会产生惩罚成本。

(3) $CM_1^0(k+1, N)$:待检产品集合 $M_1(k+1, N)$ 的不检成本,由式(4.39)求得。

(4) $CM_0^0(k+1, N)$:待检产品集合 $M_0(k+1, N)$ 的不检成本,由式(4.41)求得。

(5) 剩余待检产品集合的期望总成本。

因此,当产品 k 是合格品时,检验成本为:

$$CM^1(N|A(k^1, N^1)) = \begin{cases} CM(k-k^*)+MG_1+CM_1^0(k+1, N), & 0 \leq k^* < k, \\ CM(N-k^*)+MG_1, & k \leq k^* \leq N \end{cases}$$

当产品 k 是缺陷品时,检验成本为:

$$CM^1(N|A(k^0, N^1)) = \begin{cases} CM(k-k^*)+MG_0+CM_0^0(k+1, N), & 0 \leq k^* < k, \\ CM(N-k^*)+MG_0, & k \leq k^* \leq N \end{cases}$$

综上所述,若对产品 k 进行线下检验,则期望总检验成本为:

$$CM^1(N) = C_I + P(Y_k=1|Y_N=1)CM^1[N|A(k^1, N^1)] + \\ P(Y_k=0|Y_N=1)CM^1[N|A(k^0, N^1)] \tag{4.60}$$

四 停检规则

为了保证线下检验可以高效、经济、准确地完成,在策略执行过程中,需要遵守停检规则,防止线下检验出现漏检或多检。

对于一批产品而言,完成生产后的初始状态为待检产品集合中的质量信息未知。因此,在第四节的数值算例中,只针对待检产品集合 $S(1, N)$ 提出线下检验策略。

待检产品集合 $S(1, N)$ 的最优线下检验策略,以总成本最小为目标。在线下检验策略,包含两大部分:不检策略和检验策略。为使总成本最小,应比较对待检产品集合 $S(1, N)$ 执行不检策略和检验策略的成本大小,取较小值为最优策略,有:

$$CS(N) = \min\{CS^1(N), CS^0(1, N)\} \tag{4.61}$$

若对待检产品集合 $S(1, N)$ 执行检验策略,则进一步地会出现待检产品 $L(1, N)$ 和 $M(1, N)$。同样地,有:

$$CL(N) = \min\{CL^1(N), CL^0(1, N)\} \tag{4.62}$$

$$CM(N) = \min\{CM^1(N), CM^0(1, N)\} \tag{4.63}$$

基于上述分析,以下为三种情形中的线下检验策略的停检规则:

(1) 当不检策略成本小于检验策略成本时,即:

$CS^0(1, N) \leq CS^1(1, N)$,

$CL^0(1, N) \leq CL^1(1, N)$,

$CM^0(1, N) \leq CM^1(1, N)$

则待检产品集合应执行不检策略,此时线下检验结束。

(2) 当 $k^* = N$ 时,待检产品集合中的所有产品可根据线下检验策略和已知产品信息进行相应的处置,此时线下检验结束。

(3) 若待检产品集合 $S(1, N)$ 中的所有产品都已检验,则线下检验结束;在待检产品集合 $L(1, N)$ 和 $M(1, N)$ 中,当 $N=1$ 时线下检验结束。

五 检验策略执行流程

Step 1 在 $S(1, N)$ 中,当 $N<1$ 时,到 Step 19;否则,由式 (4.61),当 $CS^0(1, N)$ 较小时执行不检策略,到 Step 19。当 $CS^1(N)$ 较小时执行检验策略,由式 (4.43) 确定检验产品 k。计算 k^*,前 k^* 个产品接收。若产品 k 是合格品,到 Step 3;若产品是缺陷品 k,到 Step 4。

Step 2 当 $k \leq k^* \leq N$ 时,到 Step 4;否则,到 Step 5。

Step 3 当 $k \leq k^* \leq N$ 时,产品 k 拒收,到 Step 4;否则,到 Step 6。

Step 4 令 $N = N - k^*$,到 Step 1。

Step 5 对 $S_1(j+1, N)$ 执行不检策略,令 $N = N - k^*$,到 Step 13。

Step 6 对 $S_0(j+1, N)$ 执行不检策略,令 $N = N - k^*$,到 Step 7。

Step 7 在 $L(1, N)$ 中,当 $N \leq 1$ 时,到 Step 19;否则,由式 (4.62),当 $CL^0(1, N)$ 较小时执行不检策略,到 Step 19。当 $CL^1(N)$ 较小时执行检验策略,由式 (4.49) 确定检验产品 k。计算 k^*,前 k^* 个产品接收。若产品 k 是合格品,到 Step 8;若产品 k 是

缺陷品，到 Step 9。

Step 8 当 $k \leq k^* \leq N$ 时，到 Step 10；否则，到 Step 11。

Step 9 当 $k \leq k^* \leq N$ 时，到 Step 10；否则，到 Step 12。

Step 10 当 $Y_k = 0$ 时拒收产品 k，当 $k^* = N$ 时拒收产品 N。令 $N = N - k^*$，到 Step 7。

Step 11 对 $L_1(j+1, N)$ 执行不检策略，令 $N = N - k^*$，到 Step 13。

Step 12 对 $L_0(j+1, N)$ 执行不检策略，令 $N = N - k^*$，到 Step 7。

Step 13 在 $M(1, N)$ 中，当 $N \leq 1$ 时，到 Step 19；否则，由式 (4.63)，当 $CM^0(1, N)$ 较小时执行不检策略，到 Step 19。当 $CM^1(N)$ 较小时执行检验策略，由式 (4.55) 确定检验产品 k。计算 k^*，前 k^* 个产品接收。若产品 k 是合格品，到 Step 14；若产品 k 是缺陷品，到 Step 15。

Step 14 当 $k \leq k^* \leq N$ 时，到 Step 16；否则，到 Step 17。

Step 15 当 $k \leq k^* \leq N$ 时，到 Step 16；否则，到 Step 18。

Step 16 当 $Y_k = 0$ 时拒收产品 k，令 $N = N - k^*$，到 Step 13。

Step 17 对 $M_1(j+1, N)$ 执行不检策略，令 $N = N - k^*$，到 Step 13。

Step 18 对 $M_0(j+1, N)$ 执行不检策略，令 $N = N - k^*$，到 Step 7。

Step 19 结束。

第三节　检验时间不可忽略且生产波动性存在时的线下质量检验策略

一　检验次数

令 $I_S(N)$、$I_L(N)$、$I_M(N)$ 分别表示待检产品集合 $S(1,$

$N)$, $L(1,N)$, $M(1,N)$ 在执行最优线下检验策略时需要执行的检验次数，可分别通过下面三个递归方程获得：

$$I_S(N) = \begin{cases} 0, & CS(N) = CS^0(N), \\ 1 + p_k^1 u(2u+1) I_S(N-k^*) + p_k^1 u(2u-1) I_M(k-k^*) + \\ p_k^0 v(2v+1) I_S(N-k^*) + p_k^0 v(2v-1) I_L(k-k^*), & 其他 \end{cases}$$

(4.64)

$$I_L(N) = \begin{cases} 0, & CL(N) = CL^0(N), \\ 1 + P(Y_k=1|Y_N=0) u(2u+1) I_L(N-k^*) + \\ P(Y_k=1|Y_N=0) u(2u-1) I_M(k-k^*) + \\ P(Y_k=0|Y_N=0) v(2v+1) I_L(N-k^*) + \\ P(Y_k=0|Y_N=0) v(2v-1) I_L(k-k^*), & 其他 \end{cases}$$

(4.65)

$$I_M(N) = \begin{cases} 0, & CM(N) = CM^0(N), \\ 1 + P(Y_k=1|Y_N=1) u(2u+1) I_M(N-k^*) + \\ P(Y_k=1|Y_N=1) u(2u-1) I_M(k-k^*) + \\ P(Y_k=0|Y_N=1) v(2v+1) I_M(N-k^*) + \\ P(Y_k=0|Y_N=1) v(2v-1) I_L(k-k^*), & 其他 \end{cases}$$

(4.66)

其中，分别用 u 和 v 来表示 k^* 的值域，有：

$$u = \begin{cases} -0.5, & 0 \leq k^* < k, \\ 0.5, & k \leq k^* \leq N \end{cases}$$

$$v = \begin{cases} -0.5, & 0 \leq k^* < k, \\ 0.5, & k \leq k^* \leq N \end{cases}$$

初始条件为：

$I_S(0) = I_L(0) = I_L(1) = I_M(0) = I_M(1) = 0$

二 检验时间不可忽略时的检验总成本

在第二节中讨论了当生产波动性存在且检验时间可忽略时，线下检验策略问题。然而在实际工作中，由于机器设备处于早期故障期或损耗期、工人疲劳作业等原因，当产品检验数量越来越大时，单位检验时间也会越来越长；或者由于机器处于使用寿命期、工人操作熟练度等原因，当产品检验数量越来越大时，单位检验时间也会越来越短。

令 $T(h)$ 表示执行第 h 次线下检验时所用的检验时间，为不失一般性，令 $T(h) = th^\gamma$，由此，当 γ 的取值分别为 $\gamma = 0$、$0 < \gamma < 1$、$\gamma \geq 1$ 时，分别表示检验时间保持不变、递减和递增。因此，当检验时间不可忽略时，第 h 次线下检验的单位检验成本为：

$C_I(h) = C'_I \times T(h)$

其中，C_I 和 $C_I(h)$ 的关系可以表示为：

$C_I(h) = C_I \times h^\gamma$

因此，当检验时间不可忽略时，待检产品集合 $S(1, N)$ 的期望检验总成本为：

$$CS_t(N) = \min\left\{ CS_t^1(N) + \sum_{h=1}^{I_S(N)} C_I(h),\ CS^0(N) \right\} \quad (4.67)$$

其中，$CS_t^1(N) = CS^1(N) - C_I$ 表示待检产品集合 $S(1, N)$ 的期望惩罚成本，$CL_t^1(N)$ 和 $CM_t^1(N)$ 可以用相同的方式获得。

第四节 数值算例

一 线下质量检验的最优策略

为了更好地说明如何在存在生产波动性的生产线中执行线下检验，举一个具有如下参数的数值算例：$N = 100$，$p = 0.99$，$\theta_1 = 0.05$，$\theta_1 = 0.45$，$\alpha = 0.85$，$C_P = 1$，$C_S = 1$，$C_I = 1$。其中，与产品个数相关的单位为"件"，与产品成本相关的单位为"元"，为表述简便，后文不再赘述。

（一）待检产品集合 S（1，100）的线下检验

根据第二节中不检策略的情形1.1，待检产品集合 S（1，100）的不检成本为19.90。由式（4.43），对产品62进行检验，于是有：

（1）若为合格品，计算概率向量 P_S^1。接收前23个产品，对 S_1（63，100）执行不检策略；新的待检产品集合缩小为 M（24，62），由性质3.3可表示为 M（1，39），需根据式（4.63）做出继续检验或不检的决策。

（2）若为缺陷品，计算概率向量 P_S^0。接收前8个产品，对 S_0（63，100）执行不检策略；新的待检产品集合由性质4.2可表示为 L（1，54），需根据式（4.62）做出继续检验或不检的决策。

（二）待检产品集合 M（1，39）的线下检验

根据第二节中不检策略的情形2.1，待检产品集合 M（1，39）的不检成本为3.66。由式（4.55），对产品34进行检验，于是有：

（1）若为合格品，计算概率向量 P_M^1。接收所有产品，线下检验结束。

（2）若为缺陷品，计算概率向量 P_M^0。接收前6个产品，对 M_0（35，39）执行不检策略；新的待检产品集合由性质4.2可表示为 L（1，28），需根据式（4.62）做出继续检验或不检的决策。

（三）待检产品集合 L（1，54）的线下检验

根据第二节中不检策略的情形3.1，待检产品集合 L（1，54）的不检成本为12.68。由式（4.49），对产品28进行检验，于是有：

（1）若为合格品，计算概率向量 P_L^1。接收前10个产品，对 L_1（29，54）执行不检策略；新的待检产品集合由性质4.3可表示为 M（1，18），需根据式（4.63）做出继续检验或不检的决策。

（2）若为缺陷品，计算概率向量 P_L^0。接收前4个产品，对 L_0（29，54）执行不检策略；新的待检产品集合由性质4.2可表示为 L（1，24），需根据式（4.62）做出继续检验或不检的决策。

以此类推，当停检规则满足时，线下检验过程结束，线下检验策略计算流程如图4.2所示。

第四章　生产线线下质量检验的优化策略

```
                          S(1, 100)
                         /         \
                   检验产品62       不检成本
                    /    \          19.90
                 合格    缺陷
                 /         \
     接收前23个产品         接收前8个产品
     S₁(63,100)执行         S₀(63,100)执行
     不检策略               不检策略
        |                      |
     M(24, 62)              L(9, 62)
        |                      |
     M(1, 39)               L(1, 54)
      /    \                 /    \
   检验    不检成本       检验    不检成本
   产品34   3.66          产品28   12.58
   /   \                  /    \
 合格  缺陷              合格   缺陷
  |     \                /      \
 全部  接收前6个产品   接收前10个产品  接收前4个产品
 接收  M₀(35,39)执行   L₁(29,54)执行  L₀(29,54)执行
       不检策略        不检策略       不检策略
          |              |              |
       L(7, 34)       M(11, 28)      L(5, 28)
          |              |              |
       L(1, 28)       M(1, 18)       L(1, 24)
          ⋮              ⋮              ⋮
```

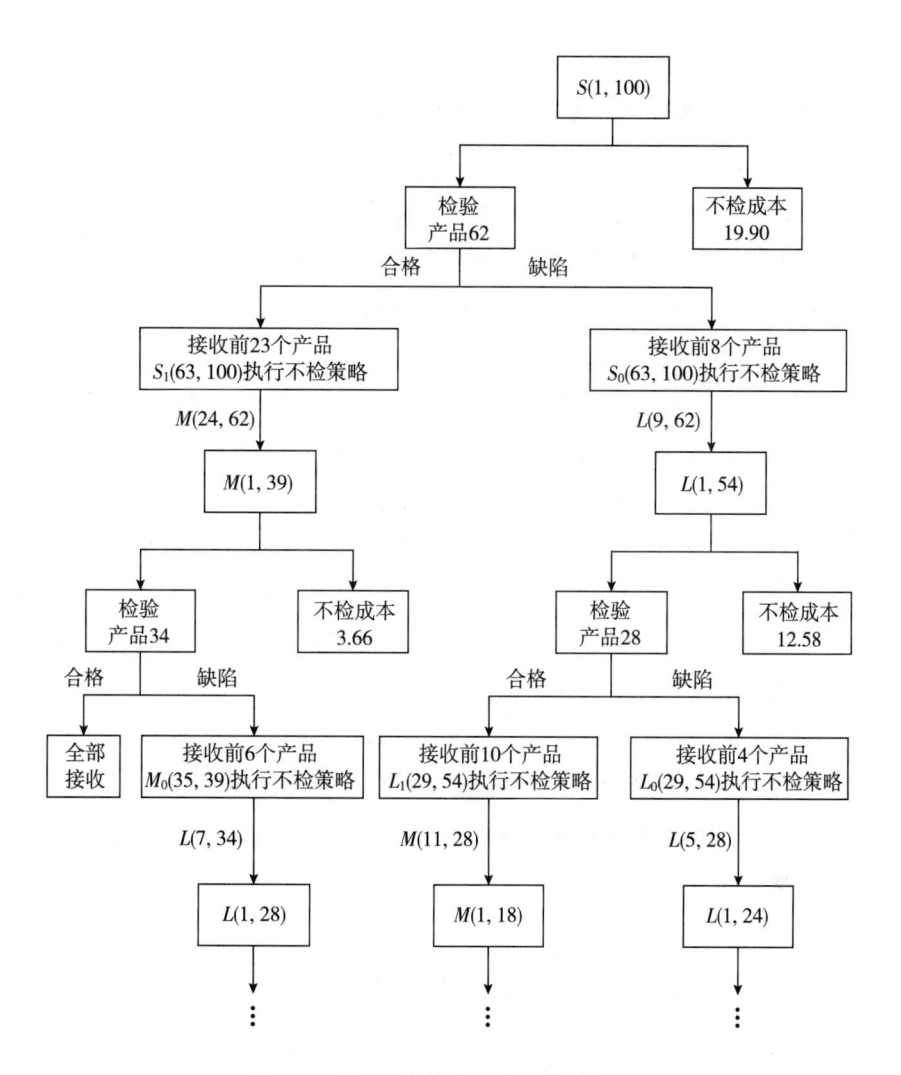

图 4.2　线下质量检验策略的计算流程

因此，在给定参数条件下，待检产品集合 $S(1, 100)$ 的期望总成本为：

$$CS(100) = \min\{CS^1(100), CS^0(1, 100)\} = \min\{17.75, 19.90\} = 17.75$$

即对待检产品集合 $S(1, 100)$ 执行线下检验策略，期望总成本为 17.75。由式（4.64）至式（4.66），可得待检产品集合 $S(1,$

100)的期望检验次数为 2.16 次。

二 检验成本和检验次数的灵敏度分析

产品检验次数决定了检验设备的工作强度,而检验设备的工作强度决定了生产进度和生产成本。在本节中,分别针对检验时间可忽略和检验时间不可忽略两种情形,基于不同的参数组合,对检验成本和检验次数的结果进行了灵敏度分析。

(一)检验时间可忽略

由 C_I、C_P 和 C_S 组成了八组参数组合(标号为 A-H),如表 4.4 所示。当 α、N 和 θ_1、θ_2 两组参数组合分别发生变化时(α、N 或 θ_1、θ_2 分别各取三组数值,共 9 组参数组合,标号为 a-i),讨论期望检验成本、期望检验次数和期望接收产品数量的变化情况。

参数组合 A 和参数组合 H 讨论了 C_I 的变化对结果的影响,参数组合 A-G 讨论了 C_P 和 C_S 的变化对结果的影响。α、N 和 θ_1、θ_2 两组参数组合分别发生变化的结果在表 4.5 和表 4.7 中列出,分别有 144 组解。在本节中,为了与 Wang 和 Chien(2008)的研究保持一致,令 $p=0.99$。在表 4.5 和表 4.7 中,"I"表示期望检验次数 $I_S(N)$,"C"表示期望检验次数 $CS(N)$,"U"表示期望接收产品数量。

表 4.4　　　　　　数值算例的八组参数组合

参数＼组号	A	B	C	D	E	F	G	H
C_I	1	1	1	1	1	1	1	10
C_P	1	1	10	10	1	10^3	10^3	1
C_S	1	10	1	10	10^3	1	10^3	1

表 4.5 给出了在检验时间可忽略的情况下,令 $\theta_1=0.05$,$\theta_2=0.45$,当 α 和 N 都发生变化时,期望检验次数、期望检验成本和期望接收产品数量的大小。

表 4.5　期望检验次数、期望检验成本和期望接收产品数量
($\theta_1 = 0.05$, $\theta_2 = 0.45$)

参数	组号	A	B	C	D	E	F	G	H	I
α		0.85			0.90			0.95		
α_1		10	50	100	10	50	100	10	50	100
A	I	0	1.18	2.16	0	1.18	2.17	0	0	1.29
	C	0.71	6.10	17.75	0.71	6.52	18.74	0.71	6.86	19.66
	U	10	49.78	99.57	10	49.79	99.56	10	50	99.69
B	I	0	1.18	2.16	0	1.18	2.17	0	0	1.29
	C	0.71	6.10	17.75	0.71	6.52	18.74	0.71	6.86	19.66
	U	10	49.78	99.57	10	49.79	99.56	10	50	99.69
C	I	1.10	2.28	2.53	1.10	2.41	3.32	1.10	3.32	4.32
	C	5.60	30.07	61.39	5.62	30.32	63.62	5.87	31.93	66.31
	U	9.72	35.95	53.45	9.71	35.09	47.61	9.63	31.58	40.96
D	I	1.10	2.28	2.53	1.10	2.41	3.43	1.10	3.32	4.26
	C	5.83	48.79	157.46	5.87	50.91	165.61	6.23	55.42	177.03
	U	9.90	49.17	99.54	9.90	49.65	99.45	9.90	49.55	99.33
E	I	0	1.18	2.16	0	1.18	2.06	0	1.18	1.29
	C	0.71	6.10	17.75	0.71	6.52	18.78	0.71	7.08	19.66
	U	10	48.82	99.57	10	49.78	99.56	10	50	99.69
F	I	0	0	0	0	0	0	0	0	0
	C	9.29	43.14	80.11	9.29	43.14	80.11	9.29	43.14	80.11
	U	0	0	0	0	0	0	0	0	0
G	I	1.17	2.39	2.58	1.19	2.45	3.41	1.19	3.49	4.99
	C	470.02	4646.31	15492.83	472.48	4849.87	16225.97	508.07	5202.91	17237.56
	U	9.90	49.72	99.53	9.90	49.64	99.44	9.90	49.54	99.30
H	I	0	0	0	0	0	0	0	0	0
	C	0.71	6.86	19.90	0.71	6.86	19.90	0.71	6.86	19.90
	U	10	50	100	10	50	100	10	50	100

从表 4.5 中可得：

（1）当 α 取固定值时，期望检验次数、期望检验成本和期望接

收产品数量随着 N 的变大而变大。

（2）当 N 取固定值时，期望检验成本随着 α 的变大而变大或保持不变，期望检验次数同样随着 α 的变大而变大或保持不变（有六组参数组合除外，分别为 Ah、Ai、Bh、Bi、Ef 和 Ei），期望接收产品数量与 α 之间没有明显的变化趋势关系。

（3）比较参数组合 A、B 和 C，与 C_S 相比，期望检验次数和期望检验成本对 C_P 的变化更敏感。比较参数组合 A、B 和 E，C_S 对期望检验次数和期望检验成本几乎不产生任何影响。比较参数组合 A、C 和 F，当 C_P 变大时，期望检验次数和期望检验成本都变大，而当非常大时，应执行不检策略。比较参数组合 A、D 和 G，C_P 和 C_S 同时变大时，期望检验次数和期望检验成本的增长速度远远小于 C_P 和 C_S 的增长速度。对参数组合 H，当 C_I 比 C_P 和 C_S 都大时，应执行不检策略。

（4）比较参数组合 C 和 F，当 C_P 比 C_S 大时，期望接收产品数量较小或者为 0。比较参数组合 A、B 和 C，C_P 对期望接收产品数量的影响比 C_S 大。对参数组合 H，当 C_I 比 C_P 和 C_S 都大时，全部产品被接收。

表 4.6 给出了在八组参数组合中，当 $\theta_1 = 0.05$，$\theta_2 = 0.45$ 时，执行线下检验策略的产品总数阈值，即当线下检验策略第一次成为最优检验策略时的产品总数。

表 4.6　　执行线下质量检验策略的产品总数阈值

参数 组号	$\alpha = 0.85$	$\alpha = 0.90$	$\alpha = 0.95$
A	28	39	70
B	28	39	70
C	5	5	5
D	6	6	6
E	28	39	70

续表

参数 组号	$\alpha=0.85$	$\alpha=0.90$	$\alpha=0.95$
F	$>10^5$	$>10^5$	$>10^5$
G	1	1	1
H	$>10^5$	$>10^5$	$>10^5$

从表 4.6 中可得：

(1) C_S 的变化对产品总数阈值没有任何影响；当 C_P 变大时，产品总数阈值变小；而当 C_P 非常大时，应执行不检策略。当 C_S 和 C_P 同时变大时，产品总数阈值变小。

(2) 当 α 变大时，产品总数阈值的变化是非递减的。

令 $C_S=1$ 和 $C_I=1$，图 4.3 展示了当 C_P 发生变化时，执行线下检验策略的产品总数阈值的变化情况。

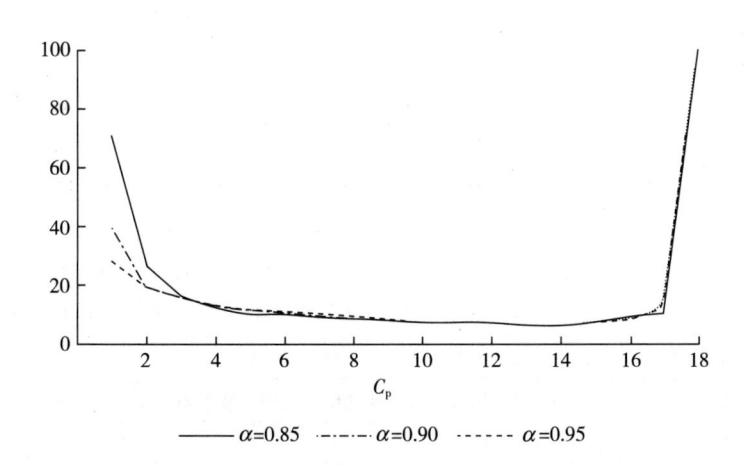

图 4.3 执行线下质量检验策略的产品总数阈值

注：$C_S=C_I=1$，$\theta_1=0.05$，$\theta_2=0.45$。

从图 4.3 中可以看出，当 α 分别取 0.85、0.90 和 0.95 时，执行线下检验策略的产品总数阈值变化趋势大致相同，呈浴盆形状。

当 C_P 大于 17 时，在给定参数条件下，待检产品集合更倾向于不检策略。

表 4.7　期望检验次数、期望检验成本和期望接收产品数量

($N=100$, $\alpha=0.85$)

参数	组号	A	B	C	D	E	F	G	H	I
θ_1		10^{-6}			0.05			0.10		
θ_2		0.20	0.45	0.70	0.20	0.45	0.70	0.20	0.45	0.70
A	I	1.00	2.00	1.44	1.00	2.16	1.53	0	2.20	1.58
A	C	7.07	14.49	15.54	10.51	17.75	19.76	13.72	21.16	23.74
A	U	99.91	99.68	80.44	99.88	99.57	80.23	100	99.49	79.94
B	I	1.00	2.00	1.33	1.00	2.16	1.49	0	2.20	1.53
B	C	7.07	14.49	22.56	10.51	17.75	25.63	13.72	21.16	28.73
B	U	99.91	99.68	99.56	99.88	99.57	80.23	100	99.49	99.42
C	I	3.02	2.30	2.19	3.17	2.53	2.54	0	0	0
C	C	43.01	36.21	31.00	69.53	61.39	54.57	86.28	76.97	67.66
C	U	64.00	53.46	49.95	55.33	53.45	49.93	0	0	0
D	I	3.02	2.31	2.21	3.17	2.53	2.56	3.25	3.32	2.76
D	C	54.82	125.84	140.58	89.43	157.46	181.47	124.70	190.71	219.57
D	U	99.82	99.64	80.20	99.77	99.54	79.96	99.69	99.45	79.62
E	I	1.00	2.00	1.33	1.00	2.16	1.49	0	2.20	1.53
E	C	7.07	14.49	22.56	10.51	17.75	25.63	13.72	21.16	28.73
E	U	99.91	99.68	99.56	99.88	99.57	99.47	100	99.49	99.42
F	I	3.10	2.41	2.48	0	0	0	0	0	0
F	C	46.18	36.33	31.16	89.41	80.11	70.80	86.28	76.97	67.66
F	U	51.61	53.44	49.88	0	0	0	0	0	0
G	I	3.10	2.42	2.52	3.23	2.58	2.72	3.25	3.32	3.10
G	C	5179.79	12348.44	13824.68	8626.19	15492.83	17884.11	12148.92	18742.29	5179.79
G	U	99.81	99.64	80.18	99.70	99.53	79.96	99.60	99.41	79.62
H	I	0	0	1.00	0	0	1.00	0	0	1.00
H	C	7.45	16.76	25.73	10.59	19.90	29.20	13.72	23.03	32.34
H	U	100	100	81.17	100	100	100	100	100	85.25

表 4.7 给出了在检验时间可忽略的情况下，令 $N=100$，$\alpha = 0.85$，当 θ_1 和 θ_2 都发生变化时，期望检验次数、期望检验成本和期望接收产品数量的大小。

从表 4.7 中可得：

（1）当 θ_1 取固定值时，若 $C_S \geq C_P$，期望检验成本随着 θ_2 的变大而变大，期望接收产品数量随着 θ_2 的变大而变小或不变，期望检验次数与 θ_2 之间没有明显的变化趋势关系；若 $C_S < C_P$，期望检验成本随着 θ_2 的变大而变小，期望检验次数和期望接收产品数量与 θ_2 之间没有明显的变化趋势关系。

（2）当 θ_2 取固定值时，期望检验成本随着 θ_1 的变大而变大（有三组参数组合除外，分别为 Fg、Fh 和 Fi），期望接收产品数量随着 θ_1 的变大而变小（有六组参数组合除外，分别为 Ag、Bg、Bi、Eg、Hf 和 Hi），期望检验次数与 θ_1 之间没有明显的变化趋势关系。

（3）比较参数组合 A、B 和 C，与 C_S 相比，期望检验次数和期望检验成本对 C_P 的变化更敏感。比较参数组合 A、B 和 E，C_S 对期望检验次数和期望检验成本几乎不产生任何影响。比较参数组合 A、C 和 F，当 C_P 变大时，期望检验次数和期望检验成本都变大，而当 C_P 非常大时，应执行不检策略。比较参数组合 A、D 和 G，C_P 和 C_S 同时变大时，期望检验次数和期望检验成本的增长速度远远小于 C_P 和 C_S 的增长速度。对参数组合 H，当 C_I 比 C_P 和 C_S 都大时，应执行不检策略。

（4）比较参数组合 C 和 F，当 C_P 比 C_S 大时，期望接收产品数量较小或者为 0。比较参数组合 A、B 和 C，C_P 对期望接收产品数量的影响比 C_S 大。

Wang 和 Chien（2008）同样对具有生产波动性的生产线进行了研究。在他们的研究中，考虑了两种情形：①待检产品集合中没有产品质量信息；②待检产品集合中最后一个产品是缺陷品。在本章中，多考虑了一种情形，即待检产品集合中最后一个产品是合格品。

表4.8给出了在给定参数组合下，Wang和Chien（2008）和本章的线下检验策略结果，包含期望检验成本和期望检验次数。其中，"NE"表示Wang和Chien（2008）与本章的期望检验次数之差，"CE"表示Wang和Chien（2008）与本章的期望检验成本之差[在Wang和Chien（2008）中，θ_1（θ_2）分别表示生产线处于可控状态时，生产合格品（缺陷品）的比例，与本章的定义恰好相反]。

表4.8 两种线下质量检验策略的比

($N=100$, $p=0.99$, $\alpha=0.9$, $\theta_1=0.01$, $\theta_2=0.99$)

	C_I	C_P	C_S	$I_S(N)$		NE	$CS(N)$		CE
				W & H	本章		W & H	本章	
A	1	1	1	3.119	3.172	−0.053	4.862	5.325	−0.463
B	1	1	10	3.777	3.616	0.161	9.645	10.544	−0.899
C	1	10	1	4.200	3.734	0.466	9.143	11.507	−2.364
D	1	10	10	3.757	4.473	−0.716	18.948	17.941	1.007
E	10	1	1	1.642	1.000	0.642	24.631	19.845	4.786
F	50	1	1	0	0	0	33.075	33.075	0

从表4.8中可以得到，对参数组合E，当C_I比C_P和C_S都大时，使用本章的线下检验策略会得到更优的结果。对参数组合B和C，当检验次数这一指标更重要时应使用本章的线下检验策略；而对参数组合D，本章的线下检验策略应是当检验成本这一指标更重要时使用。对参数组合A，应使用Wang和Chien（2008）的线下检验策略。而对参数组合F，两种线下检验策略的结果一致。

（二）检验时间不可忽略

当检验时间不可忽略时，基于表4.4的八组参数组合，期望检验次数和期望检验成本的结果在表4.9中列出。同时，在表4.9中将检验时间不可忽略和检验时间可忽略两种情形的结果进行比较。

从表4.9中可以看出，当考虑检验时间时，与检验时间可忽略的情形相比，期望检验次数减少而期望检验成本增加。这是因为当

第四章　生产线线下质量检验的优化策略

考虑检验时间成本时，最优检验策略更倾向于通过减少检验次数来降低成本。

表 4.9　　　　期望检验次数和期望检验成本的对比

($N=100$, $p=0.99$, $\alpha=0.85$, $\theta_1=0.05$, $\theta_2=0.45$, $\gamma=1.3$)

	$I_S(N)$	$I_S(N)$	$CS(N)$	$CS_t(N)$
	检验时间可忽略	检验时间不可忽略	检验时间可忽略	检验时间不可忽略
A	2.16	1.00	17.75	18.11
B	2.16	1.00	17.75	18.11
C	2.53	2.00	61.39	63.92
D	2.53	2.19	157.46	160.076
E	2.16	1.00	17.75	18.11
F	0	0	80.11	80.11
G	2.58	2.58	15492.83	15496.73
H	0	0	19.90	19.90

第五节　本章小结

本章以线下质量检验策略的一般模型为基础，考虑了生产波动性的存在对线下质量检验策略的影响，根据非等分分治算法，提出了新的线下质量检验策略。当检验时间可忽略时，提出了三种先验信息模式；对于待检产品集合，在已知紧前产品质量信息的条件下，给出了9种不检策略。通过引入参数 α（产品产自可控状态的置信度），以总成本最小为目标，给出了三种先验信息模式下的线下质量检验策略，给出了相应的停检规则和执行流程。当检验时间不可忽略时，给出了线下检验次数和总成本的计算方法。新的线下检验策略与现有研究的主要区别在于两个方面：①待检产品集合中的最后一个产品是合格品；②检验时间不可忽略。该策略的优点：

①无须记录每个待检产品的初始位置,每一检验开始待检产品集合可以视为一个全新的集合,可从"1"开始编号;②由于使用了置信度,降低了由于生产波动性造成的质量信息的复杂性;③可以方便地对检验时间进行讨论。

本章的主要创新点是提出了三种先验信息模式,给出了 9 种不检策略;引入了参数置信度 α,建立了生产波动性存在时的线下质量检验策略;证明了在每个新的待检产品集合中,生产第一个产品时生产线都处于可控状态;给出了相应的停检规则和执行流程;当检验时间不可忽略时,给出了线下检验次数和总成本的计算方法。

第五章 生产线线上和线下质量检验的拓展研究

控制质量和降低成本对于任何行业中的企业来说,都是十分重要的,缺陷品的出现势必会使产品的单位成本上升。消费者注重产品质量,这也是必须要执行产品质量检验的原因。为了识别出在生产线中产生的缺陷品,当产品的质量特性对质量检验的形式没有特殊要求时(如在第一章中,提到的食品罐头类产品等就是对质量检验的形式有特殊要求),对产品既可执行线上质量检验(第三章),也可执行线下质量检验(第四章)。

Wang 和 Chuang(2011)提出了当对产品执行破坏性检验时,如何在生产线中同时执行线上和线下质量检验的策略。在该模型中,每隔 l 个产品就执行一次线上质量检验;当第 $l×x$ 个产品的检验结果为缺陷品时(x 表示线上检验执行的次数),停止线上检验并停止生产,对最后一个区间的产品 [产品 $l×(x-1)+1$ 至产品 $l×x$,共 l 个产品] 执行线下检验中的不检策略。其中,已知产品 $l×x$ 为缺陷品。在第一节中,将该模型扩展至一般情形下的生产线线上和线下质量检验的综合策略模型。在实际生产中,有些产品的交货期延迟成本要远大于原材料成本和缺陷品流出生产线产生的惩罚成本。因而,一旦将一批次的原材料投入生产后,整个生产过程将持续至该批次产品完成生产为止,不会因缺陷品的出现而停止生产。在这种情形下,Wang 和 Chuang(2011)提出的模型就不适用了。在第一节中,综合应用了第三章中的线上质量检验策略和第四章中的线下质量检验中的不检策略。

在大多数的线上质量检验的优化设置研究中,生产线的类型为串行生产线;但在实际生产中,还存在非串行生产线,在第二节中讨论一种特殊的非串行生产线:串并混合型生产线。在第二节中,将第三章中的串行生产线线上质量检验的优化设置问题扩展至串并混合型生产线的线上质量检验的优化设置问题。

第一节 生产线线上和线下质量检验的综合策略

考虑任意一串行生产线。生产顺序已知且固定,在制品始终按照生产顺序排列。由于设备故障、人员操作失误等原因,产品出现缺陷不可避免。设生产线中共有 m 道生产工序,生产工序集合为 $M=\{M_1, M_2, \cdots, M_m\}$,$M_i(i=1, 2, \cdots, m)$ 为生产线中的一道工序;$I=\{I_1, I_2, \cdots, I_m\}$ 为可能存在的线上检验站集合,$I_i(i=1, 2, \cdots, m)$ 为可能存在的线上检验站设置点;生产工序 M_i 和一个可能存在的线上检验站 I_i 组成一个工作站 $W_i(i=1, 2, \cdots, m)$,串行生产线中有连续 m 个工作站。

对于任意一个不稳定的生产工序 M_i,生产状态可以分为两种:可控状态和不可控状态。当不存在生产波动性时,生产线处于可控状态时生产的产品均为合格品,生产若干产品后,生产工序的生产状态会从可控状态转变为不可控状态并一直保持在该状态中直至生产结束,且在该状态中生产的产品都是缺陷品。在工作站 W_i 中生产的产品,按生产顺序可以分成两个不相交的集合:合格品和缺陷品。为了控制产品质量,执行线上检验可以快速有效地发现缺陷品。当在检验站 I_i 中第一次检验出缺陷品时,生产工序 M_i 就进入了不可控状态,最优的生产决策应是停止生产,接收该缺陷品之前的所有产品并拒收该缺陷品及其之后的所有产品,并使生产工序恢复到可控状态,此时必然达到成本最优。

第五章 生产线线上和线下质量检验的拓展研究

本节对 Wang 和 Chuang（2011）提出的破坏性检验模型进行了扩展。扩展后的基础问题为：在工作站 W_i 中，进入工作站的产品数量为 x_i，若对前 n_i 个产品执行线上检验，则对后 (x_i-n_i) 个产品执行线下检验中的不检策略。因此，在每个工作站 W_i 中，需要对执行线上检验的产品数量 n_i $(i=1, 2, \cdots, m)$ 进行优化，使得总成本最小。图 5.1 为在工作站 W_i 中，线上和线下质量检验的综合策略。

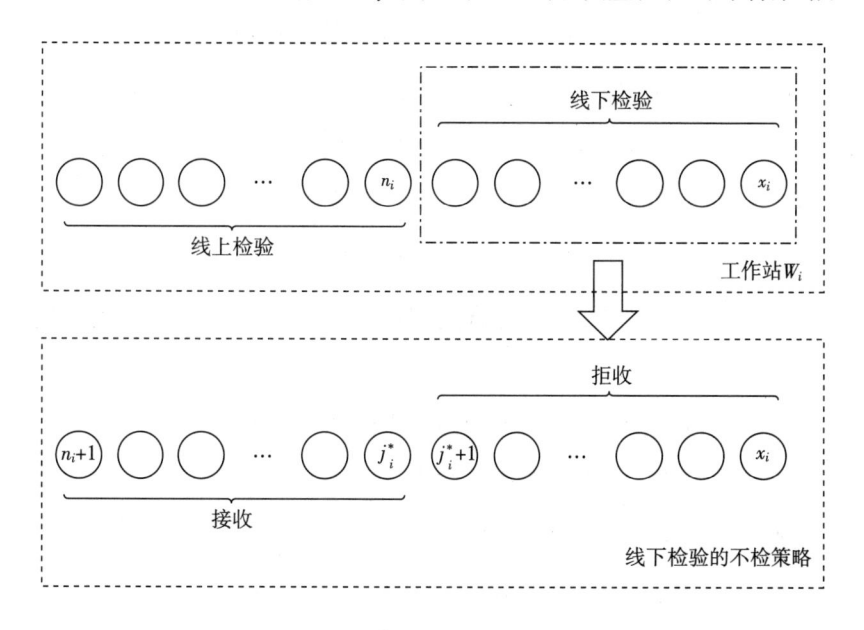

图 5.1 工作站 W_i 中，线上和线下质量检验综合策略

本节的符号说明如下：

m　　生产线中工作站（生产工序）的数量

W_i　　第 i 个工作站，$i=1, 2, \cdots, m$

N　　进入生产线（工作站 W_1）的产品数量

ε_i　　在工序 M_i 中，生产某一产品时，生产状态会以概率 ε_i 从可控状态转移到不可控状态；$\varepsilon'_i = 1 - \varepsilon_i$ 表示工序 M_i 生产某一产品时处于可控状态的概率

符号	说明
P_i	工作站 W_i 中，产品的单位生产成本
S_i	工作站 W_i 中，产品的单位报废成本
Fa^i	工作站 W_i 生产的缺陷类型
β_i	缺陷类型 Fa^i 从生产线中流出产生的单位惩罚成本
c_i^{on}	线上检验站 I_i 的单位检验成本
C_i^P	工作站 W_i 中，错接缺陷品产生的单位惩罚成本
C_i^S	工作站 W_i 中，错拒合格品产生的单位惩罚成本
x_i	进入工作站 W_i 的产品数量，其中 $x_1 = N$
$C^o n_i$	工作站 W_i 中，线上质量检验成本
C_i^{off}	工作站 W_i 中，线下质量检验成本
C_i^I	工作站 W_i 中，综合应用线上和线下质量检验产生的期望成本
C_i^N	工作站 W_i 中，不检验产生的期望成本
C_i	工作站 W_i 的期望总成本
C	生产线的期望总成本
F_i	线上检验站 I_i 的固定成本
k_i	工作站 W_i 中，是否设置检验站 I_i 的决策变量
Y_{ij}	检验站 I_i 中产品 j 的检验结果，$Y_{ij} = 1$ 表示检验结果为合格品，$Y_{ij} = 0$ 表示检验结果为缺陷品
Z_{ij}	生产产品 j 时，生产工序 M_i 的生产状态；$Z_{ij} = I$ 表示处于可控状态，$Z_{ij} = O$ 表示处于不可控状态
y_i	工作站 W_i 中，综合应用线上和线下质量检验的局部流通合格率
y'_i	工作站 W_i 中，不检验的局部流通合格率

Y_i　　前 i 个工作站的流通合格率

θ_{i1}　　生产工序 M_i 处于可控状态时,生产缺陷品的比例;令 $\theta_{i1}' = 1-\theta_{i1}$ 表示可控状态时,生产合格品的比例

θ_{i2}　　生产工序 M_i 处于不可控状态时,生产缺陷品的比例;令 $\theta_{i2}' = 1-\theta_{i2}$ 表示可控状态时,生产合格品的比例

本节的假设条件如下:

(1) 进入生产线(工作站 W_1)的原料均为合格品,且原材料从工作站 W_1 开始,按照生产工序排列顺序依次进行加工,经全部 m 个离散工作站后,以最终产品的形式从工作站 W_m 中流出生产线。

(2) 线上检验站 I_i 只能检验出缺陷类型 Fa^i,且检验无错误。

(3) 生产工序 M_i 的生产初始状态处于可控状态。

(4) 在第一节中,缺陷品只报废不返工,并只考虑惩罚成本而不考虑转序成本。

首先,在第一部分中,若生产波动性不存在,建立了生产线线上和线下质量检验综合策略的全数检验模型;在第二部分中,将线上和线下质量检验综合策略视为一个整体,建立了生产线质量检验综合策略的优化设置模型;在第三部分中,若生产波动性存在,建立了生产线线上和线下质量检验综合策略的全数检验模型。

一 生产线线上和线下质量检验综合策略的全数检验模型

在本部分中,将 Wang 和 Chuang(2011)的破坏性检验模型扩展到全数检验情形下的生产线线上和线下质量检验的综合策略模型。

在一个不稳定的生产工序 M_i 中,当生产某个产品时,生产状态会以 ε_i 的概率从可控状态转移到不可控状态。若生产波动性不存在且检验时间忽略不计时,可控状态下生产的为合格品,不可控状态下生产的为缺陷品。

在每个工作站 W_i 中,若执行线上检验,可对产品进行全数检验来判断生产工序 M_i 的生产状态。若产品的检验结果为缺陷品,说

明生产工序 M_i 已从可控状态转移到不可控状态，该产品之后的所有产品均为缺陷品并报废。否则，应继续执行线上检验直到找到状态转移单元。因此，在工作站 W_i 中，线上和线下质量检验综合策略的总成本为：

$$C_i = x_i p_i + x_i \varepsilon'_i c_i^{on} + x_i \varepsilon_i s_i \tag{5.1}$$

根据 Raz 等（2000）的研究结果，当生产工序 M_i 的转移概率较小时，对产品进行检验的需求就变小。因此，本部分研究的问题为：如何选择需要执行线上检验的产品总数 n_i，并对剩余产品执行线下检验中的不检策略，使总成本最小。因不存在生产波动性，因而产品 n_i 必为合格品；否则一旦产品 n_i 的检验结果为缺陷品，在其后生产的所有产品都应拒收，总成本的表达式应为式（5.1）。

在工作站 W_i 中，对于前 n_i 个执行线上质量检验的产品，由于生产与检验的产品数量相等，因此可令 $c'_i = c_i^{on} + p_i$ 来表示前 n_i 个产品的单位生产检验成本。因此，前 n_i 个产品的线上检验成本包括生产检验成本和设置线上检验站的固定成本，有：

$$C_i^{on} = n_i c'_i + F_i \tag{5.2}$$

由于几何分布的无记忆性，根据对 n_i 的定义，由此在生产产品 n_i+1 之前，生产工序 M_i 必处于可控状态。因此，可利用第四章第二节中情形 1.2 的不检策略，待检产品集合为 $S_1(n_i+1, x_i)$，其中产品 n_i 为合格品。若接收单位缺陷品，则产生单位惩罚成本 C_i^P；若拒收单位合格品，则产生单位惩罚成本 C_i^S。若产品 j（$n_i+1 \leqslant j \leqslant x_i$）是缺陷品，则错拒产品 j 产生的期望惩罚成本为：

$$C_i^P P(Y_{ij}=0 \mid Y_{in_i}=1) = \frac{C_i^P(\varepsilon'^{n_i}_i - \varepsilon'^{j}_i)}{\varepsilon'^{n_i}_i} = C_i^P(1-\varepsilon'^{j-n_i}_i)$$

同理，若产品 j（$n_i+1 \leqslant j \leqslant x_i$）是合格品，则错拒产品 j 产生的期望惩罚成本为：

$$C_i^S P(Y_{ij}=1 \mid Y_{in_i}=1) = \frac{C_i^S \varepsilon'^{j}_i}{\varepsilon'^{n_i}_i} = C_i^S \varepsilon'^{j-n_i}_i$$

由此，在工作站 W_i 中的待检产品集合 $S_1(n_i+1, x_i)$ 中，必然存在一个产品 j_i^*，接收其之前的所有产品（包括产品 j_i^*），并拒收剩余所有产品。产品 j_i^* 应是满足下式的最大值：

$$C_i^S \varepsilon_i'^{j-n_i} \geqslant C_i^P (1-\varepsilon_i'^{j-n_i})$$

解得：

$$j_i^* = \left\lfloor \frac{\log\left(\frac{C_i^P}{(C_i^P+C_i^S)}\right)}{\log \varepsilon'_i} + n_i \right\rfloor \tag{5.3}$$

其中，$\lfloor x \rfloor$ 表示取不大于 x 的最大整数。此时，最优的不检策略为接收待检产品集合 $S_1(n_i+1, x_i)$ 中的前 $(j_i^*-n_i)$ 个产品，即接收产品 (n_i+1) 至产品 j_i^*；拒收剩余所有产品，即产品 (j_i^*+1) 至产品 x_i。注意，$j_i^* \geqslant x_i$ 表示接收所有待检产品，而 $j_i^* \leqslant n_i$ 表示拒收所有待检产品。

在待检产品集合中 $S_1(n_i+1, x_i)$，共有 (x_i-n_i) 个产品。最优不检策略的成本包括：生产成本、错接成本（第三章和第四章中的惩罚成本）和错拒成本。由单位生产成本为 p_i，则待检产品集合 $S_1(n_i+1, x_i)$ 的生产成本为 $(x_i-n_i)p_i$；已知产品 n_i 为合格品，在接收的产品中，产品 k $(n_i+1 \leqslant k \leqslant j_i^*)$ 是缺陷品的概率为 $P(Y_{ik}=0 \mid Y_{in_i}=1)$，在已接收的产品中，缺陷品的期望个数为 $\sum_{k=n_i+1}^{j_i^*} P(Y_{ik}=0 \mid Y_{in_i}=1)$，产生的期望惩罚成本为：

$$C_i^p \sum_{k=n_i+1}^{j_i^*} P(Y_{ik}=0 \mid Y_{in_i}=1) = C_i^P(j_i^* - n_i - \varepsilon_i^{j_i^*-n_i-1} + \varepsilon_i^{j_i^*-ni})$$

在拒收的产品中，产品 l $(j_i^*+1 \leqslant l \leqslant x_i)$ 是合格品的概率为 $P(Y_{il}=0 \mid Y_{in_i}=1)$，在已拒收的产品中，合格品的期望个数为 $\sum_{l=j_i^*+1}^{x_i} P(Y_{il}=1 \mid Y_{in_i}=1)$，产生的期望惩罚成本为：

$$C_i^S \sum_{l=j_i^*+1}^{x_i} P(Y_{il} = 1 \mid Y_{in_i} = 1) = C_i^S(\varepsilon_i^{x_i-j_i^*-1} - \varepsilon_i^{x_i-n_i})$$

则对于待检产品集合 S_1（n_i+1, x_i），最优不检策略的成本为：

$$\begin{aligned} C_i^{off} &= (x_i - n_i)p_i + C_i^P \sum_{k=n_i+1}^{j_i^*} P(Y_{ik} = 0 \mid Y_{in_i} = 1) + \\ &\quad C_i^S \sum_{l=j_i^*+1}^{x_i} P(Y_{il} = 1 \mid Y_{in_i} = 1) \\ &= (x_i - n_i)p_i + C_i^P(j_i^* - n_i - \varepsilon_i^{j_i^*-n_i-1} + \varepsilon_i^{j_i^*-n_i}) + \\ &\quad C_i^S(\varepsilon_i^{x_i-j_i^*-1} - \varepsilon_i^{x_i-n_i}) \end{aligned} \quad (5.4)$$

在工作站 W_i 中，线上和线下质量检验综合策略的期望总成本为：

$$C_i = C_i^{on} + C_i^{off} \quad (5.5)$$

因此，对于有 m 个工作站的串行生产线，研究目标为在每个工作站 W_i 中，如何确定实行线上质量检验的数量 n_i，使线上和线下质量检验综合策略的全数检验模型的期望总成本最小，有：

$$\begin{aligned} \min C &= \min \sum_{i=1}^{m} C_i \\ &= \min \sum_{i=1}^{m} [x_i p_i + F_i + n_i c_i^{on} + C_i^P(j_i^* - n_i - \varepsilon_i^{j_i^*-n_i-1} + \\ &\quad \varepsilon_i^{j_i^*-n_i}) + C_i^S(\varepsilon_i^{x_i-j_i^*-1} - \varepsilon_i^{x_i-n_i})] \end{aligned} \quad (5.6)$$

$$\text{s.t.} \begin{cases} j_i^* = \left| \dfrac{\log\left[\dfrac{C_i^P}{C_i^P + C_i^S}\right]}{\log \varepsilon'_i} + n_i \right|, \\ x_1 = N, \\ x_{i+1} = j_i^*, \quad i = 1, 2, \cdots, m-1, \\ x_i > 0, \quad i = 1, 2, \cdots, m \end{cases} \quad (5.7)$$

在工作站 W_i 中，通过综合应用线上和线下质量检验后，接收的产品总数为 j_i^*。根据前提假设，前 n_i 个产品必为合格品；在后 $(j_i^* - n_i)$ 个产品中，缺陷品的期望个数为 $\sum_{k=n_i+1}^{j_i^*} P(Y_{ik}=0 \mid Y_{in_i}=1)$，则工作站 W_i 的局部流通合格率 y_i 应为：

$$y_i = \frac{\sum_{k=n_i+1}^{y_i^*} P(Y_{ik}=0 \mid Y_{in_i}=0)}{j_i^*}$$

$$= \frac{j_i^* - n_i - \varepsilon_i^{j_i^*-n_i-1} + \varepsilon_i^{j_i^*-n_i}}{j_i^*} = 1 - \frac{n_i + \varepsilon_i^{j_i^*-n_i-1} - \varepsilon_i^{j_i^*-n_i}}{j_i^*}$$

因此，对具有 m 个工作站的串行生产线，其流通合格率应表示为：

$$Y_m = \prod_{i=1}^{m} \left(1 - \frac{n_i + \varepsilon_i^{j_i^*-n_i-1} - \varepsilon_i^{j_i^*-n_i}}{j_i^*}\right)$$

二　生产线线上和线下质量检验综合策略的优化设置模型

在上一小节中，考虑的是在每个工作站都设置检验站的情况。在本节中，研究的问题为，将线上和线下质量检验综合策略视为一个整体时，对于工作站 W_i，进入其中的产品数量为 x_i，若对前 n_i 个产品执行线上检验，则对后 (x_i-n_i) 个产品执行线下检验中的不检策略。因此，在每个工作站 W_i 中，需要对执行线上检验的产品数量 n_i ($i=1, 2, \cdots, m$) 进行优化；而对生产线来说，考虑的是在生产线中如何选择线上和线下质量检验综合策略的位置和数量，使总成本最小。

令 k_i 表示生产线中综合应用线上和线下质量检验的位置参数，则有：

$$k_i = \begin{cases} 1, & \text{在工作站 } W_i \text{ 中综合应用线上和线下质量检验,} \\ 0, & \text{在工作站 } W_i \text{ 中不检验} \end{cases}$$

其中，$i=1, 2, \cdots, m$。

因此，在本节中优化的目标有：线上和线下质量检验综合策略的位置参数 k_i，以及当在工作站 W_i 中综合应用线上和线下质量检验时，执行线上质量检验的产品数量 n_i。显然地，生产线总成本的大小与 k_i 和 n_i 的取值有关。

若在工作站 W_i 中综合应用线上和线下质量检验，由上一小节中的全数检验模型，线上和线下质量检验综合策略的期望总成本为：

$$C_i^I = C_i^{on} + C_i^{off}$$

$$= x_i p_i + F_i + n_i c_i^{on} + C_i^p (j_i^* - n_i - \varepsilon_i^{j_i^* - n_i - 1} + \varepsilon_i^{j_i^* - n_i}) + C_i^S (\varepsilon_i^{x_i - j_i^* - 1} - \varepsilon_i^{x_i - n_i})$$

(5.8)

由式（5.8），可获得工作站 W_i 中的最优线上质量检验产品数量 n_i 和线下质量检验的平衡点 j_i^*。

若在工作站 W_i 中不检验，则与第三章第二节中 $K(0)$ 情形相同。从工作站 W_i 中流出的产品数量为 x_i，其中缺陷品的期望个数为 $\sum_{k=1}^{x_i}(1-\varepsilon_i'^k)$。工作站 W_i 产生的期望成本包括生产成本和惩罚成本，有：

$$C_i^N = x_i p_i + \beta_i \sum_{k=1}^{x_i}(1-\varepsilon_i'^k) = x_i p_i + \beta_i \frac{\varepsilon_i' - \varepsilon_i'^{x_i+1}}{\varepsilon_i} \quad (5.9)$$

由于不考虑缺陷品的返工及转序成本，工作站 W_i 的期望总成本只与是否检验有关，有：

$$C_i = k_i C_i^I + (1-k_i) C_i^N$$

$$= k_i [x_i p_i + F_i + n_i c_i^{on} + C_i^p (j_i^* - n_i - \varepsilon_i^{j_i^* - n_i - 1} + \varepsilon_i^{j_i^* - n_i}) +$$

$$C_i^S (\varepsilon_i^{x_i - j_i^* - 1} - \varepsilon_i^{x_i - n_i})] + (1-k_i) \left(x_i p_i + \beta_i \frac{\varepsilon_i' - \varepsilon_i'^{x_i+1}}{\varepsilon_i} \right)$$

$$= k_i [F_i + n_i c_i^{on} + C_i^p (j_i^* - n_i - \varepsilon_i^{j_i^* - n_i - 1} + \varepsilon_i^{j_i^* - n_i}) + C_i^S (\varepsilon_i^{x_i - j_i^* - 1} - \varepsilon_i^{x_i - n_i})] +$$

$$\beta_i (1-k_i) \frac{\varepsilon_i' - \varepsilon_i'^{x_i+1}}{\varepsilon_i} + x_i p_i$$

(5.10)

因此，对于有 m 个工作站的串行生产线，研究目标为：①在每个工作站 W_i 中，如何确定实行线上质量检验的数量 n_i；②如何确定在哪些工作站中执行线上和线下质量检验综合策略，使生产线的期

望总成本最小,有:

$$\begin{aligned}\min C &= \min \sum_{i=1}^{m} C_i \\ &= \min \sum_{i=1}^{m} \left\{ k_i [F_i + n_i c_i^{on} + C_i^P (j_i^* - n_i - \varepsilon_i^{j_i^* - n_i - 1} + \varepsilon_i^{j_i^* - n_i}) + \right. \\ & \left. C_i^S (\varepsilon_i^{x_i - j_i^* - 1} - \varepsilon_i^{x_i - n_i})] + \beta_i (1 - k_i) \frac{\varepsilon'_i - \varepsilon'^{x_i + 1}_i}{\varepsilon_i} + x_i p_i \right\} \end{aligned}$$
(5.11)

$$\text{s.t.} \begin{cases} j_i^* = \left| \dfrac{\log\left[\dfrac{C_i^P}{C_i^P + C_i^S}\right]}{\log \varepsilon'_i} + n_i \right|, \\ x_1 = N, \\ x_{i+1} = k j_i^* + (1 - k_i) x_i, & i = 1, 2, \cdots, m-1, \\ x_i > 0, & i = 1, 2, \cdots, m \end{cases}$$
(5.12)

在工作站 W_i 中,通过综合应用线上和线下质量检验后,同第五章第一节,其局部流通合格率 $y_i = 1 - \dfrac{n_i + \varepsilon^{j_i^* - n_i - 1} - \varepsilon^{j_i^* - n_i}}{j_i^*}$。当不在工作站 W_i 中检验时,由产品总数和缺陷品的期望个数可得:

$$y'_i = \frac{\varepsilon'_i - \varepsilon'^{x_i + 1}_i}{\varepsilon_i x_i}$$

因此,对具有 m 个工作站的串行生产线,其流通合格率应表示为:

$$Y_m = \prod_{i=1}^{m} \left[k_i \left(1 - \frac{n_i + \varepsilon^{j_i^* - n_i - 1} - \varepsilon^{j_i^* - n_i}}{j_i^*} \right) + (1 - k_i) \frac{\varepsilon'_i - \varepsilon'^{x_i + 1}_i}{\varepsilon_i x_i} \right]$$

三 生产波动性存在时,生产线线上和线下质量检验综合策略的全数检验模型

基于第五章第一节的内容,在本部分中讨论若生产线中存在生产波动性,当在每个工作站 W_i 中都执行线上和线下质量检验综合策略,应如何选择 n_i,使生产线总成本最小。由第四章第二节可

知,当生产波动性存在时,生产线处于可控状态,不仅生产合格品,还生产缺陷品;同样地,生产线处于不可控状态,不仅生产缺陷品,还生产合格品。在这种情形下,无法根据产品的质量检验结果判断生产工序的生产状态。因此,与第五章第一节和第二节不同的是,产品 n_i 既可为合格品,也可为缺陷品。

在工作站 W_i 中,产品 k 是缺陷品的概率 p_{ik}^0 可表示为:

$$p_{ik}^0 = P(Z_{ik}=I)P(Y_{ik}=0|Z_{ik}=I) + P(Z_{ik}=O)P(Y_{ik}=0|Z_{ik}=O)$$
$$= \varepsilon_i'^k \theta_{i1} + (1-\varepsilon_i'^k)\theta_{i2}$$
$$= \theta_{i2} + \varepsilon_i'^k(\theta_{i1}-\theta_{i2})$$

则产品 n_i 为缺陷品的概率 $p_{in_i}^0$ 为 $\theta_{i2} - \varepsilon_i'^{n_i}(\theta_{i2}-\theta_{i1})$,产品 n_i 为合格品的概率 $p_{in_i}^l$ 为 $\theta'_{i2} + \varepsilon_i'^{n_i}(\theta_{i2}-\theta_{i1})$。

下面根据产品 n_i 的质量检验结果,进行经济性分析。

情形一 产品 n_i 是合格品

与第五章第一节不同的是,在工作站 W_i 中,对于前 n_i 个执行线上质量检验的产品,当产品 n_i 是合格品时,由于生产波动性的存在,有包含缺陷品的可能性。同样地,由于生产与检验的产品数量相等,因此可令 $c'_i = c_i^{on} + p_i$ 来表示前 n_i 个产品的单位生产检验成本。

在工作站 W_i 中,前 n_i 个产品中缺陷品的期望数量为:

$$\sum_{k=1}^{n_i} P(Y_{ik}=0|Y_{in_i}=1) = \sum_{k=1}^{n_i} \frac{\varepsilon_i'^{n_i}\theta_{i1}\theta'_{i1} + (\varepsilon_i'^k - \varepsilon_i'^{n_i})\theta_{i1}\theta'_{i2} + (1-\varepsilon_i'^k)\theta_{i2}\theta'_{i2}}{1-p_{in_i}^0}$$

$$= \frac{n_i\varepsilon_i\theta_{i2}\theta'_{i2} + n_i\varepsilon_i\varepsilon_i'^{n_i}\theta_{i1}(\theta_{i2}-\theta_{i1}) + \varepsilon'_i(1-\varepsilon_i'^{n_i})\theta'_{i2}(\theta_{i2}-\theta_{i1})}{\varepsilon_i\theta'_{i2} - \varepsilon_i\varepsilon_i'^{n_i}(\theta_{i1}-\theta_{i2})}$$

在前 n_i 个执行线上质量检验的产品中,由于缺陷品报废,接收产品的期望数量为:

$$n_i - \frac{n_i\varepsilon_i\theta_{i2}\theta'_{i2} + n_i\varepsilon_i\varepsilon_i'^{n_i}\theta_{i1}(\theta_{i2}-\theta_{i1}) + \varepsilon'_i(1-\varepsilon_i'^{n_i})\theta'_{i2}(\theta_{i2}-\theta_{i1})}{\varepsilon_i\theta'_{i2} - \varepsilon_i\varepsilon_i'^{n_i}(\theta_{i1}-\theta_{i2})}$$

$$= n_i\frac{\theta'^2_{i2} + \varepsilon_i'^{n_i}(\theta_{i2}-\theta_{i1})\theta'_{i1}}{\theta'_{i2} + \varepsilon_i'^{n_i}(\theta_{i2}-\theta_{i1})} - \frac{\varepsilon'_i(1-\varepsilon_i'^{n_i})\theta'_{i2}(\theta_{i2}-\theta_{i1})}{\varepsilon_i\theta'_{i2} + \varepsilon_i\varepsilon_i'^{n_i}(\theta_{i2}-\theta_{i1})}$$

因此，前 n_i 个产品的线上质量检验期望成本 $C^{on}_{i\_1}$ 包括生产检验成本、设置线上检验站的固定成本和报废成本，有：

$$C^{on}_{i\_1} = n_i c'_i + F_i + s_i \left[n_i \frac{\theta'^2_{i2} + \varepsilon'^{n_i}_i (\theta_{i2} - \theta_{i1}) \theta'_{i1}}{\theta'_{i2} + \varepsilon'^{n_i}_i (\theta_{i2} - \theta_{i1})} - \frac{\varepsilon'_i (1 - \varepsilon'^{n_i}_i) \theta'_{i2} (\theta_{i2} - \theta_{i1})}{\varepsilon'_i \theta'_{i2} + \varepsilon_i \varepsilon'^{n_i}_i (\theta_{i2} - \theta_{i1})} \right]$$

与第四章第二节中情形 1.2 的不检策略类似，对待检产品集合 $S_1(n_i+1, x_i)$ 执行不检策略，其中产品 n_i 为合格品，可得产品 j^*_{i1} 应是满足下式的最大值：

$$C^S_i P(Y_{ij}=1 | Y_{in_i}=1) \geqslant C^P_i P(Y_{ij}=0 | Y_{in_i}=1), \quad n_i \leqslant j \leqslant x_i$$

其中，由式（4.17）可得：

$$P(Y_{ij}=1 | Y_{in_i}=1) = \frac{\varepsilon'^j_i \theta'^2_{i1} + (\varepsilon'^{n_i}_i - \varepsilon'^j_i) \theta'_{i1} \theta'_{i2} + (1 - \varepsilon'^{n_i}_i) \theta'^2_{i2}}{1 - p^0_{in_i}}$$

$$= \frac{(\varepsilon'^j_i \theta'_{i1} + \varepsilon'^{n_i}_i \theta'_{i2})(\theta_{i2} - \theta_{i1}) + \theta'^2_{i2}}{\theta'_{i2} + \varepsilon'^{n_i}_i (\theta_{i2} - \theta_{i1})}$$

$$P(Y_{ij}=0 | Y_{in_i}=1) = 1 - (Y_{ij}=1 | Y_{in_i}=1)$$

$$= \frac{\theta_{i2} \theta'_{i2} + (\varepsilon'^{n_i}_i - \varepsilon'^j_i \theta'_{i1} - \varepsilon'^{n_i}_i \theta'_{i2})(\theta'_{i2} - \theta'_{i1})}{\theta'_{i2} + \varepsilon'^{n_i}_i (\theta_{i2} - \theta_{i1})}$$

解得：

$$\varepsilon'^j_i \geqslant \varepsilon'^{n_i}_i \frac{C^P_i \theta_{i2} - C^S_i \theta'_{i2}}{\theta'_{i1}(C^S_i + C^P_i)} + \frac{\theta'_{i2}(C^P_i \theta_{i2} - C^S_i \theta'_{i2})}{\theta'_{i1}(C^S_i + C^P_i)(\theta_{i2} - \theta_{i1})}$$

令其中的常数分别表示为 $A = \dfrac{C^P_i \theta_{i2} - C^S_i \theta'_{i2}}{\theta'_{i1}(C^S_i + C^P_i)}$ 和 $B = \dfrac{\theta'_{i2}(C^P_i \theta_{i2} - C^S_i \theta'_{i2})}{\theta'_{i1}(C^S_i + C^P_i)(\theta_{i2} - \theta_{i1})}$，则 $j^*_{i1} = \dfrac{\log(A\varepsilon'^{n_i}_i + B)}{\log \varepsilon'_i}$。

此时，最优的不检策略为接收待检产品集合 $S_1(n_i+1, x_i)$ 中的前 $(j^*_{i1} - n_i)$ 个产品，即接收产品 (n_i+1) 至产品 j^*_{i1}；拒收剩余所有产品，即产品 $(j^*_{i1}+1)$ 至产品 x_i。注意，$j^*_{i1} \geqslant x_i$ 表示接收所有待检产品，而 $j^*_{i1} \leqslant n_i$ 表示拒收所有待检产品。由此，当产品 n_i 是合格品时，从工作站 W_i 流出的产品数量，即进入工作站 W_{i+1} 的产品数量为：

$$x_{i+1\_1} = j_{i1}^* - \frac{n_i \varepsilon_i \theta_{i2} \theta'_{i2} + n_i \varepsilon_i {\varepsilon'}_i^{n_i} \theta_{i1}(\theta_{i2}-\theta_{i1}) + \varepsilon'_i(1-{\varepsilon'}_i^{n_i})\theta'_{i2}(\theta_{i2}-\theta_{i1})}{\varepsilon_i \theta'_{i2} - \varepsilon_i {\varepsilon'}_i^{n_i}(\theta_{i1}-\theta_{i2})}$$

在待检产品集合 $S_1(n_i+1, x_i)$ 中，共有 (x_i-n_i) 个产品。最优不检策略的成本包括：生产成本、错接成本（第三章和第四章中的惩罚成本）和错拒成本。其中，待检产品集合 $S_1(n_i+1, x_i)$ 的生产成本为 $(x_i-n_i)p_i$；已知产品 n_i 为合格品，在已接收的产品中，缺陷品产生的期望惩罚成本为：

$$C_i^P \sum_{k=n_i+1}^{j_{i1}^*} P(Y_{ik}=0 \mid Y_{in_i}=1)$$

$$= C_i^P \sum_{k=n_i+1}^{j_{i1}^*} \frac{\theta_{i2}\theta'_{i2} + ({\varepsilon'}_i^{n_i} - {\varepsilon'}_i^k \theta'_{i1} - {\varepsilon'}_i^{n_i}\theta'_{i2})(\theta_{i2}-\theta_{i1})}{\theta'_{i2} + {\varepsilon'}_i^{n_i}(\theta_{i2}-\theta_{i1})}$$

$$= C_i^P \frac{\varepsilon_i \theta_{i2}(j_{i1}^* - n_i)[\theta'_{i2} + {\varepsilon'}_i^{n_i}(\theta_{i2}-\theta_{i1})] + \theta'_{i1}(\theta_{i2}-\theta_{i1})({\varepsilon'}_i^{n_i+1} - {\varepsilon'}_i^{j_{i1}^*+1})}{\varepsilon_i \theta'_{i2} + \varepsilon_i {\varepsilon'}_i^{n_i}(\theta_{i2}-\theta_{i1})}$$

在已拒收的产品中，合格品产生的期望惩罚成本为：

$$C_i^S \sum_{l=j_{i1}^*+1}^{x_i} P(Y_{il}=1 \mid Y_{in_i}=1)$$

$$= C_i^S \sum_{l=j_{i1}^*+1}^{x_i} \frac{({\varepsilon'}_i^l \theta'_{i1} + {\varepsilon'}_i^{n_i}\theta'_{i2})(\theta_{i2}-\theta'_{i1}) + {\theta'}_{i2}^2}{\theta'_{i2} + {\varepsilon'}_i^{n_i}(\theta_{i2}-\theta_{i1})}$$

$$= C_i^S \frac{\varepsilon_i \theta'_{i2}(x_i - j_{i\_1}^*)[\theta'_{i2} + {\varepsilon'}_i^{n_i}(\theta_{i2}-\theta_{i1})] + \theta'_{i1}(\theta_{i2}-\theta_{i1})({\varepsilon'}_i^{j_{i1}^*+1} - {\varepsilon'}_i^{x_i+1})}{\varepsilon_i \theta'_{i2} + \varepsilon_i {\varepsilon'}_i^{n_i}(\theta_{i2}-\theta_{i1})}$$

则对于待检产品集合 $S_1(n_i+1, x_i)$，最优不检策略的期望成本 $C_{i\_1}^{off}$ 为：

$$C_{i\_1}^{off} = (x_i - n_i)p_i + C_i^P \sum_{k=n_i+1}^{j_{i1}^*} P(Y_{ik}=0 \mid Y_{in_i}=1) +$$

$$C_i^S \sum_{l=j_{i1}^*+1}^{x_i} P(Y_{il}=1 \mid Y_{in_i}=1)$$

第五章　生产线线上和线下质量检验的拓展研究

$$= (x_i - n_i)p_i + \frac{C_i^P(j_{i1}^* - n_i)\theta_{i2}[\theta'_{i2} + \varepsilon'^{n_i}_i(\theta_{i2} - \theta_{i1})]}{\theta'_{i2} + \varepsilon'^{n_i}_i(\theta_{i2} - \theta_{i1})} +$$

$$\frac{C_i^S \theta'_{i2}(x_i - j_{i1}^*)[\varepsilon'^{n_i}_i(\theta_{i2} - \theta_{i1}) + \theta'_{i2}]}{\theta'_{i2} + \varepsilon'^{n_i}_i(\theta_{i2} - \theta_{i1})} +$$

$$\frac{[C_i^S(\varepsilon'^{j_{i1}^*+1}_i - \varepsilon'^{x_i+1}_i) - C_i^P(\varepsilon'^{n_i+1}_i - \varepsilon'^{j_{i1}^*+1}_i)]\theta'_{i1}(\theta_{i2} - \theta_{i1})}{\varepsilon_i \theta'_{i2} + \varepsilon_i \varepsilon'^{n_i}_i(\theta_{i2} - \theta_{i1})}$$

在情形一中，工作站 W_i 执行线上和线下质量检验综合策略的期望总成本 C_{i_1} 为：

$$C_{i\_1} = C_{i\_1}^{on} + C_{i\_1}^{off} \tag{5.13}$$

情形二　产品 n_i 是缺陷品

与情形一相同，当产品 n_i 是缺陷品时，由于生产波动性的存在，在前 n_i 个执行线上质量检验的产品中，有包含缺陷品的可能性。

令 $c'_i = c_i^{on} + p_i$，则前 n_i 个产品的生产检验成本为 $n_i c'_i$；在工作站 W_i 中，前 n_i 个产品中缺陷品的期望数量为：

$$\sum_{k=1}^{n_i} P(Y_{ik} = 0 | Y_{in_i} = 0)$$

$$= \sum_{k=1}^{n_i} \frac{\varepsilon'^{n_i}_i \theta_{i1}^2 + (\varepsilon'^k_i - \varepsilon'^{n_i}_i)\theta_{i1}\theta_{i2} + (1 - \varepsilon'^k_i)\theta_{i2}^2}{p_{in_i}^0}$$

$$= \frac{n_i \varepsilon_i \theta_{i2}^2 - n_i \varepsilon_i \varepsilon'^{n_i}_i \theta_{i1}(\theta_{i2} - \theta_{i1}) + \varepsilon'_i(1 - \varepsilon'^{n_i}_i)\theta_{i2}(\theta_{i2} - \theta_{i1})}{\varepsilon_i \theta_{i2} + \varepsilon_i \varepsilon'^{n_i}_i(\theta_{i1} - \theta_{i2})}$$

在前 n_i 个执行线上质量检验的产品中，由于缺陷品报废，接收产品的期望数量为：

$$n_i - \frac{n_i \varepsilon_i \theta_{i2}^2 - n_i \varepsilon_i \varepsilon'^{n_i}_i \theta_{i1}(\theta_{i2} - \theta_{i1}) - \varepsilon'_i(1 - \varepsilon'^{n_i}_i)\theta_{i2}(\theta_{i2} - \theta_{i1})}{\varepsilon_i \theta_{i2} + \varepsilon_i \varepsilon'^{n_i}_i(\theta_{i1} - \theta_{i2})}$$

$$= n_i \frac{\theta_{i2}\theta'_{i2} - \varepsilon'^{n_i}_i(\theta_{i2} - \theta_{i1})\theta'_{i1}}{\theta_{i2} - \varepsilon'^{n_i}_i(\theta_{i2} - \theta_{i1})} + \frac{\varepsilon'_i(1 - \varepsilon'^{n_i}_i)\theta_{i2}(\theta_{i2} - \theta_{i1})}{\varepsilon_i \theta_{i2} - \varepsilon_i \varepsilon'^{n_i}_i(\theta_{i2} - \theta_{i1})}$$

因此，前 n_i 个产品的线上质量检验期望成本 $C_{i\_0}^{on}$ 包括生产检验成本、设置线上检验站的固定成本和报废成本，有：

$$C_{i\_0}^{on} = n_i c'_i + F_i + S_i \left[n_i \frac{\theta_{i2}\theta'_{i2} - \varepsilon'^{n_i}_i \theta'_{i1}(\theta_{i2}-\theta_{i1})}{\theta_{i2} - \varepsilon'^{n_i}_i (\theta_{i2}-\theta_{i1})} + \frac{\varepsilon'_i(1-\varepsilon'^{n_i}_i)\theta_{i2}(\theta_{i2}-\theta_{i1})}{\varepsilon_i\theta_{i2} - \varepsilon_i\varepsilon'^{n_i}_i(\theta_{i2}-\theta_{i1})} \right]$$

与第四章第二节中情形 1.3 的不检策略类似，对待检产品集合 S_0 (n_i+1, x_i) 执行不检策略，其中产品 n_i 为缺陷品，可得产品 j^*_{i0} 应是满足下式的最大值：

$$C_i^S P(Y_{ij}=1 | Y_{in_i}=0) \geq C_i^P P(Y_{ij}=0 | Y_{in_i}=0), \quad n_i \leq j \leq x_i$$

其中，由式（4.21）可得：

$$P(Y_{ij}=1 | Y_{in_i}=0) = \frac{\varepsilon'^{j}_i \theta_{i1}\theta'_{i1} + (\varepsilon'^{n_i}_i - \varepsilon'^{j}_i)\theta_{i1}\theta'_{i2} + (1-\varepsilon'^{n_i}_i)\theta_{i2}\theta'_{i2}}{p^0_{in_i}}$$

$$= \frac{\theta_{i2}\theta'_{i2} + \varepsilon'^{j}_i \theta_{i1}(\theta_{i2}-\theta_{i1}) - \varepsilon'^{n_i}_i \theta'_{i2}(\theta_{i2}-\theta_{i1})}{\theta_{i2} + \varepsilon'^{n_i}_i(\theta_{i1}-\theta_{i2})}$$

$$P(Y_{ij}=1 | Y_{in_i}=0) = 1 - (Y_{ij}=1 | Y_{in_i}=0)$$

$$= \frac{\theta^2_{i2} - \varepsilon'^{n_i}_i(\theta_{i2}-\theta_{i1})\theta_{i2} - \varepsilon'^{j}_i \theta_{i1}(\theta_{i2}-\theta_{i1})}{\theta_{i2} + \varepsilon'^{n_i}_i(\theta_{i1}-\theta_{i2})}$$

解得：

$$\varepsilon'^{j}_i \geq \frac{\theta_{i2}(C_i^P \theta_{i2} - C_i^S \theta'_{i2})}{\theta_{i1}(C_i^S + C_i^P)(\theta_{i2}-\theta_{i1})} - \varepsilon'^{n_i}_i \frac{C_i^P \theta_{i2} - C_i^S \theta'_{i2}}{\theta_{i1}(C_i^S + C_i^P)}$$

令其中的常数分别表示为 $C = \dfrac{\theta_{i2}(C_i^P \theta_{i2} - C_i^S \theta'_{i2})}{\theta_{i1}(C_i^S + C_i^P)(\theta_{i2}-\theta_{i1})}$ 和 $D = \dfrac{C_i^P \theta_{i2} - C_i^S \theta'_{i2}}{\theta_{i1}(C_i^S + C_i^P)}$，则 $j^*_{i0} = \dfrac{\log(C - D\varepsilon'^{n_i}_i)}{\log \varepsilon'_i}$。

此时，最优的不检策略为接收待检产品集合 $S_0 = (n_i+1, x_i)$ 中的前 $(j^*_{i0}-n_i)$ 个产品，即接收产品 (n_i+1) 至产品 j^*_{i0}；拒收剩余所有产品，即产品 $(j^*_{i0}+1)$ 至产品 x_i。注意，$j^*_{i0} \geq x_i$ 表示接收所有待检产品，而 $j^*_{i0} \leq n_i$ 表示拒收所有待检产品。由此，当产品 n_i 是缺陷品时，从工作站 W_i 流出的产品数量，即进入工作站 W_{i+1} 的产品数量为：

$$x_{i+1\_0}=j_{i0}^*-\frac{n_i\varepsilon_i\theta_{i2}^2-n_i\varepsilon_i\varepsilon_i'^{n_i}\theta_{i1}(\theta_{i2}-\theta_{i1})-\varepsilon_i'(1-\varepsilon_i'^{n_i})\theta_{i2}(\theta_{i2}-\theta_{i1})}{\varepsilon_i\theta_{i2}+\varepsilon_i\varepsilon_i'^{n_i}(\theta_{i1}-\theta_{i2})}$$

在待检产品集合 S_0 (n_i+1, x_i) 中，共有 (x_i-n_i) 个产品。最优不检策略的成本包括：生产成本、错接成本（第三章和第四章中的惩罚成本）和错拒成本。其中，待检产品集合 S_0 (n_i+1, x_i) 的生产成本为 (x_i-n_i) p_i；已知产品 n_i 为缺陷品，在已接收的产品中，缺陷品产生的期望惩罚成本为：

$$C_i^P \sum_{k=n_i+1}^{j_{i0}^*} P(Y_{ik}=0|Y_{in_i}=0)$$

$$=C_i^P \sum_{k=n_i+1}^{j_{i0}^*} \frac{\varepsilon_i'^k\theta_{i1}'^2+(\varepsilon_i'^{n_i}-\varepsilon_i'^k)\theta_{i1}'+\theta_{i2}'+(1-\varepsilon_i'^{n_i})\theta_{i2}'^2}{\theta_{i2}-\varepsilon_i'^{n_i}(\theta_{i2}-\theta_{i1})}$$

$$=C_i^P \frac{\varepsilon_i\theta_{i2}'(j_{i0}^*-n_i)[\theta_{i2}'+\varepsilon_i'^{n_i}(\theta_{i2}-\theta_{i1})]+\theta_{i1}'(\theta_{i2}-\theta_{i1})(\varepsilon_i'^{n_i+1}-\varepsilon_i'^{j_{i0}^*+1})}{\varepsilon_i\theta_{i2}-\varepsilon_i\varepsilon_i'^{n_i}(\theta_{i2}-\theta_{i1})}$$

在已拒收的产品中，合格品产生的期望惩罚成本为：

$$C_i^S \sum_{l=j_{i0}^*+1}^{x_i} P(Y_{il}=1|Y_{in_i}=0)$$

$$=C_i^S \sum_{l=j_{i0}^*+1}^{x_i} \frac{\varepsilon_i'^l\theta_{i1}\theta_{i1}'+(\varepsilon_i'^{n_i}-\varepsilon_i'^l)\theta_{i1}\theta_{i2}'+(1-\varepsilon_i'^{n_i})\theta_{i2}\theta_{i2}'}{\theta_{i2}-\varepsilon_i'^{n_i}(\theta_{i2}-\theta_{i1})}$$

$$=C_i^S \frac{\varepsilon_i\theta_{i2}'(x_i-j_{i0}^*)[\theta_{i2}-\varepsilon_i'^{n_i}(\theta_{i2}-\theta_{i1})]+\theta_{i1}(\theta_{i2}-\theta_{i1})(\varepsilon_i'^{j_{i0}^*+1}-\varepsilon_i'^{x_i+1})}{\varepsilon_i\theta_{i2}-\varepsilon_i\varepsilon_i'^{n_i}(\theta_{i2}-\theta_{i1})}$$

则对于待检产品集合 S_0 (n_i+1, x_i)，最优不检策略的期望成本 $C_{i\_0}^{off}$ 为：

$$C_{i\_0}^{off}=(x_i-n_i)p_i+C_i^P\sum_{k=n_i+1}^{j_{i0}^*}P(Y_{ik}=0|Y_{in_i}=0)+$$

$$C_i^S\sum_{l=j_{i0}^*+1}^{x_i}P(Y_{il}=1|Y_{in_i}=0)$$

$$=(x_i-n_i)p_i+\frac{\theta_{i2}'[C_i^P(j_{i0}^*-n_i)\theta_{i2}'+C_i^S(x_i-j_{i0}^*)\theta_{i2}]}{\theta_{i2}-\varepsilon_i'^{n_i}(\theta_{i2}-\theta_{i1})}+$$

$$\frac{\theta_{i2}'\varepsilon'^{n_i}_i(\theta_{i2}-\theta_{i1})[C_i^P(j_{i0}^*-n_i)-C_i^S]}{\theta_{i2}-\varepsilon'^{n_i}_i(\theta_{i2}-\theta_{i1})}+$$

$$\frac{C_i^P\theta'_{i1}(\theta_{i2}-\theta_{i1})(\varepsilon'^{n_i+1}_i-\varepsilon'^{j_{i0}^*+1}_i)}{\varepsilon_i\theta_{i2}-\varepsilon_i\varepsilon'^{n_i}_i(\theta_{i2}-\theta_{i1})}+$$

$$\frac{C_i^S\theta_{i1}(\theta_{i2}-\theta_{i1})(\varepsilon'^{j_{i0}^*+1}_i-\varepsilon'^{x_i+1}_i)}{\varepsilon_i\theta_{i2}-\varepsilon_i\varepsilon'^{n_i}_i(\theta_{i2}-\theta_{i1})}$$

在情形二中，工作站 W_i 执行线上和线下质量检验综合策略的期望总成本 C_{i_0} 为：

$$C_{i\_0}=C_{i\_0}^{on}+C_{i\_0}^{off} \tag{5.14}$$

因此，工作站 W_i 中，由式（5.13）和式（5.14），综合应用线上和线下质量检验的期望总成本 C_i 为：

$$C_i=p_{in_i}^1 C_{i\_1}+p_{in_i}^0 C_{i\_0}$$

从工作站 W_i 流出的产品数量，即进入工作站 W_{i+1} 的期望产品数量为：

$$x_{i+1}=p_{in_i}^1 x_{i+1\_1}+p_{in_i}^0 x_{i+1\_0}$$

对于有 m 个工作站的串行生产线，当生产波动性存在时，研究目标为在每个工作站 W_i 中，如何确定实行线上质量检验的数量 n_i，使线上和线下质量检验综合策略的期望总成本最小，有：

$$\min C=\min\sum_{i=1}^m C_i=\min\sum_{i=1}^m p_{in_i}^1(C_{i\_1}^{on}+C_{i\_1}^{off})+p_{in_i}^0(C_{i\_0}^{on}+C_{i\_0}^{off})$$

(5.15)

$$\text{s.t.}\begin{cases} j_{i1}^*=\dfrac{\log(A\varepsilon'^{n_i}_i+B)}{\log\varepsilon'_i}, \\[6pt] j_{i0}^*=\dfrac{\log(C-D\varepsilon'^{n_i}_i)}{\log\varepsilon'_i}, \\[6pt] x_1=N, \\[2pt] x_{i+1}=p_{in_i}^1 x_{i+1\_1}+p_{in_i}^0 x_{i+1\_0},\ i=1,2,\cdots,m-1, \\[2pt] x_i>0, \qquad\qquad\qquad\qquad i=1,2,\cdots,m \end{cases} \tag{5.16}$$

其中，$p_{in_i}^1 = \theta'_{i2} + \varepsilon'^{n_i}_i (\theta_{i2} - \theta_{i1})$，$p_{in_i}^0 = \theta_{i2} + \varepsilon'^{n_i}_i (\theta_{i2} - \theta_{i1})$，$A = \dfrac{C_i^P \theta_{i2} - C_i^S \theta'_{i2}}{\theta'_{i1}(C_i^S + C_i^P)}$，$B = \dfrac{\theta'_{i2}(C_i^P \theta_{i2} - C_i^S \theta'_{i2})}{\theta'_{i1}(C_i^S + C_i^P)(\theta_{i2} - \theta_{i1})}$，$C = \dfrac{\theta_{i2}(C_i^P \theta_{i2} - C_i^S \theta'_{i2})}{\theta_{i1}(C_i^S + C_i^P)(\theta_{i2} - \theta_{i1})}$，$D = \dfrac{C_i^P \theta_{i2} - C_i^S \theta'_{i2}}{\theta_{i1}(C_i^S + C_i^P)}$。

第二节 串并混合型生产线线上质量检验的优化设置

串行生产线的缺点是，生产流程易受到某个或某几个工作站的影响，出现生产"瓶颈"。因此，对于生产瓶颈或者产能薄弱的生产工序，在生产线中有两种提高效率的途径：一种方法是瓶颈工序所在的工作站中设置在制品库存，一旦出现问题，该工作站之后的所有工作站受到的影响变小；另一种方法是设置针对瓶颈工序设置冗余装备，即设置并联工序。在生产系统中，除了串行生产线，还有串并混合型生产线，即由若干个工作站串联或并联而成。本节中工作站中的组成元素与第三章串行生产线中的工作站相同，不再赘述。图 5.2 是一个串并混合型生产线。

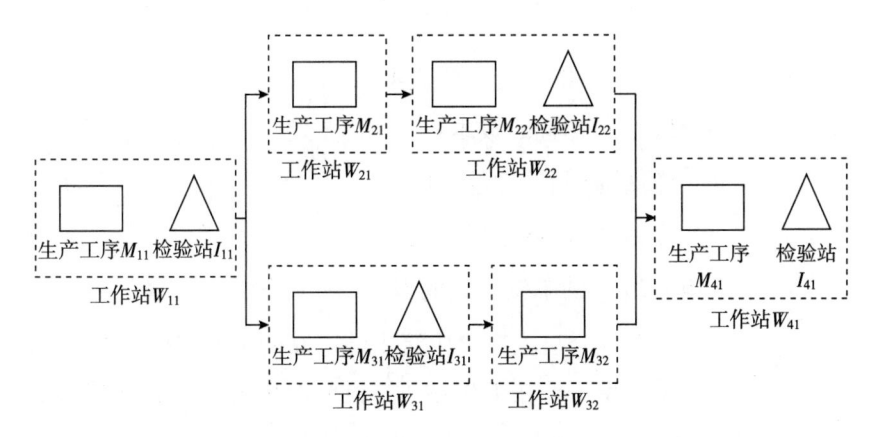

图 5.2 串并混合型生产线

与串行生产线相同，以成本最优为目的，求解串并混合型生产线中线上质量检验的优化策略，即线上检验站数量和位置、缺陷品处置模式、检验站设置及缺陷品处置模式综合策略三个问题。

本节的符号说明如下：

Q　　串并混合型生产线分解成独立串行生产线的个数

W_{ij}　　串行生产线 i 中第 j 个工作站

Fa^{ij}　　工作站 W_{ij} 生产的缺陷类型

n_i　　串行生产线 i 中工作站的数量

N　　进入生产线的产品数量（进入工作站 W_{11} 的产品数量）

α_i　　串行生产线 i 的紧前串行生产线集合

β_i　　串行生产线 i 的紧后串行生产线集合

γ_i　　串行生产线 i 的后部串行生产线集合

ε_{ij}　　工作站 W_{ij} 的缺陷品率

μ_{ij}　　工作站 W_{ij} 中缺陷品的报废率

x_{ij}　　进入工作站 W_{ij} 的产品数量，$x_{11}=N$

x_{i,n_i+1}　　从串行生产线 i 中流出的产品数量

f_{kl}　　产品离开串行生产线 k 进入串行生产线 l 概率，其中 $l\in\beta_i$

p_{ij}　　工作站 W_{ij} 的单位生产成本

F_{ij}　　检验站 I_{ij} 的固定成本

r_{ij}　　工作站 W_{ij} 的单位返工成本

s_{ij}　　工作站 W_{ij} 的单位报废成本

c_{ij}　　检验站 I_{ij} 的单位检验成本

c_p　　从串并混合型生产线中流出的产品的单位售价

φ_i　　缺陷类型 Fa^{ij} 在工作站 W_{ik} 报废产生的单位转序成本，$j<k<n_i$

| 符号 | 含义 |

τ_{ij}　　缺陷类型 Fa^{ij} 在工作站 W_{hk} 报废产生的单位转序成本，$h \in \gamma_i$，$1 \leq k \leq n_h$

ω_{ij}　　缺陷类型 Fa^{ij} 从生产线流出的单位惩罚成本

k_{ij}　　工作站 W_{ij} 是否设置检验站的决策变量

X_{ij_1}　　工作站 W_{ij} 中设置检验站时产生的成本

Y_{ij_0}　　工作站 W_{ij} 中不设置检验站时产生的成本

C_{ij}　　工作站 W_{ij} 的总成本

C　　串并混合型生产线的总成本

本节的假设条件如下：

（1）假设在每个工作站 W_{ij} 中，都有设置线上检验站 I_{ij} 的可能性，且对产品执行全数检验。

（2）进入生产线（工作站 W_{11}）的原材料均为合格品，且从工作站 W_{11} 开始依次进行加工，以最终产品的形式从工作站 W_{Q,n_Q} 中流出生产线。

（3）在检验站 I_{ij} 中，只能检验出缺陷类型 Fa^{ij}。

（4）在每个工作站 W_{ij} 中，缺陷率为一常数且互相独立，缺陷类型互相独立。

（5）返工只能针对当前工作站产生的缺陷类型；产品经返工后无须再次检验，认定为合格品，送至紧后工作站继续生产加工。

（6）串并混合型生产线可以按逻辑上的生产顺序分解成若干个独立的串行生产线，且每条串行生产线中至少包含一个工作站，用连续的整数对串行生产线进行标号；标号顺序要符合逻辑上的生产顺序，标号小的一般表示先生产（并行生产线除外）。

（7）为不失一般性，假设没有串行生产线与串行生产线 1 并联。

一　串并混合型生产线中，线上质量检验优化设置的问题描述

如图 5.2 所示，是一条由 6 个工作站组成的串并混合型生产线。

按逻辑上的生产顺序可分解为 4 条独立的串行生产线，并按逻辑上的生产顺序标号，其中串行生产线 2 和串行生产线 3 是并联关系。这些独立的串行生产线如图 3.1 所示。W_{ij} 可唯一地表示串行生产线 i 的第 j 个工作站。用图 5.3 来说明独立串行生产线之间的关系。

从图 5.3 中可以看出，从串行生产线 a 和串行生产线 b 中流出的产品直接进入串行生产线 i，则串行生产线 a 和串行生产线 b 构成了串行生产线 i 的紧前串行生产线集合 α_i；从串行生产线 i 流出的产品进入串行生产线 p、q 和 r 中，则串行生产线 p、q 和 r 构成了串行生产线 i 的紧后串行生产线集合 β_i；从串行生产线 i 流出的产品，经由串行生产线 q 和 r，进入串行生产线 x 和 y，则串行生产线 p、q、r、x 和 y 构成了串行生产线 i 的后部串行生产线集合 γ_i。

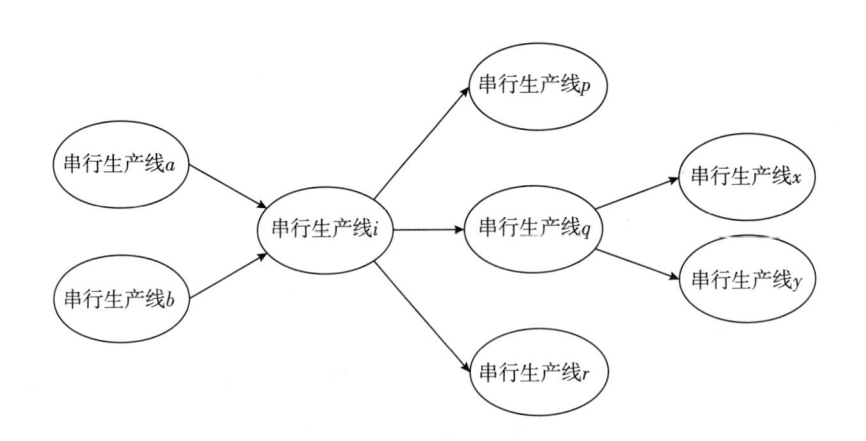

图 5.3　串并混合型生产线中，独立串行生产线间的关系

与第三章不同的是，本节中的转序成本分为两类：φ_i 和 τ_{ij}；φ_i 表示缺陷类型 Fa^{ij} 在串行生产线 i 中产生的转序成本，τ_{ij} 表示缺陷类型 Fa^{ij} 进入串行生产线 j 中产生的转序成本。根据前提假设，缺陷类型 Fa^{ij} 只能在检验站 I_{ij} 中被检验出来，因此含有缺陷类型 Fa^{ij} 的缺陷品最终有三种流向：①进入工作站 W_{il}，在检验站 I_{il}（$j<l\leqslant n_i$）中因缺陷类型 Fa^{ij} 报废；②进入工作站 W_{kh}，在检验站 I_{kh}（$k\in$

γ_i，$1 \leq h \leq n_k$）中因缺陷类型 Fa^{kh} 报废；③进入工作站 W_{Q,n_Q} 并从生产线中流出。缺陷类型 Fa^{ij} 的转序成本不具有累加性，只考虑最后一次加工时产生的转序成本。

f_{kl} 表示产品离开串行生产线 k 进入串行生产线 l 的概率；根据定义可知，串行生产线 k 属于串行生产线 l 的紧前生产线集合 α_l，串行生产线 l 属于串行生产线 k 的紧后生产线集合 β_k。因此，从串行生产线 k 流出的产品会进入所有紧后串行生产线，有：

$$\sum_{l \in \beta_k} f_{kl} = 1$$

由于进入串行生产线 L 的产品来自所有紧前串行生产线，有：

$$\sum_{k \in \alpha_l} f_{kl} = 1$$

其中，x_{ij} 表示进入工作站 W_{ij} 的产品数量，从工作站 W_{ij} 流出的产品数量与进入工作站 $W_{i,j+1}$ 的产品数量 $x_{i,j+1}$ 相等。串行生产线 i 中最后一个工作站为 W_{i,n_i}，可用 x_{i,n_i+1} 表示从工作站 W_{i,n_i} 中或从串行生产线 i 中流出的产品数量。因此，从串并混合型生产线中流出的产品数量为 x_{Q,n_Q}。对于任意一条串行生产线 i，进入工作站 W_{i1} 的产品数量 x_{i1} 由串行生产线 i 的紧前串行生产线集合决定。设串行生产线 k 是串行生产线 i 的紧前生产线，则从串行生产线 k 进入串行生产线 i 的产品数量为 $f_{kl}x_{k,n_k+1}$，则进入串行生产线 i 的产品 x_{i1} 可表示为：

$$x_{i1} = \sum_{k \in \alpha_i} f_{ki} x_{k,\,n_k+1}, \quad \forall i,\ i \neq 1 \tag{5.17}$$

在本部分中，以总成本最小为目标，基于第三章第二节中提出的模型，建立了串并混合型生产线中线上检验站设置的模型。接着，讨论了若在每个工作站中都设置线上检验站，缺陷品的处置方式是返工还是报废？最后，给出了检验站设置和缺陷品处置模式的综合策略。

二 串并混合型生产线中，线上质量检验站的优化设置

与第三章第二节中的模型类似，假设检验站 I_{ij} 的检验准确率为

100%，即不存在漏检或错检的可能性；在本节中，研究的问题为如何在串并混合型生产线中设置线上检验站，使总成本最小；显然，总成本的大小与检验站的位置有关。为记录串并混合型生产线中线上检验站的位置，用 k_{ij} 来表示是否在工作站 W_{ij} 中建立检验站，则有：

$$k_{ij} = \begin{cases} 1, & \text{在工作站 } W_{ij} \text{ 中设置线上检验站} \\ 0, & \text{不在工作站 } W_{ij} \text{ 中设置线上检验站} \end{cases}$$

其中，$i = 1, 2, \cdots, Q$，$j = 1, 2, \cdots, n_i$。

若在工作站 W_{ij} 中设置线上检验站，则生产工序 M_{ij} 生产的产品数量与检验站 I_{ij} 检验的产品数量相等，在此情形下，可令 $c'_{ij} = p_{ij} + c_{ij}$ 表示工作站 W_{ij} 中单位产品的生产检验成本。工作站 W_{ij} 中产生的成本 X_{ij_1} 由四部分组成：①检验站 I_{ij} 的固定成本；②生产和检验成本；③报废成本；④返工成本。由于检验站 I_{ij} 的存在，从工作站 W_{ij} 中流出的产品数量为 $x_{i,j+1} = x_{ij}(1-\mu_{ij})$，且不含缺陷类型 Fa^{ij}。令 S_{ij} 和 R_{ij} 分别表示设置检验站 I_{ij} 时，产生的报废产品和返工产品的数量，有 $S_{ij} = x_{ij}\mu_{ij}$，$R_{ij} = x_{ij}(\varepsilon_{ij} - \mu_{ij})$。

若不在工作站 W_{ij} 中设置线上检验站，则从工作站 W_{ij} 中流出的产品数量为 $x_{i,j+1} = x_{ij}$，其中含缺陷类型 Fa^{ij} 的缺陷品数量为 $x_{ij}\varepsilon_{ij}$，占从工作站 W_{ij} 中流出的产品总数的比例为 $\dfrac{x_{ij}\varepsilon_{ij}}{x_{i,j+1}}$。工作站 W_{ij} 的成本 Y_{ij_0} 由四部分组成：①生产成本；②含缺陷类型 Fa^{ij} 的缺陷品最终从生产线流出产生的惩罚成本；③含缺陷类型 Fa^{ij} 的缺陷品在工作站 W_{ik}（$j < k \leqslant n_i$）中继续生产加工产生的转序成本；④含缺陷类型 Fa^{ij} 的缺陷品在工作站 W_{lk}（$l \in \gamma_i$，$1 \leqslant k \leqslant n_l$）中继续生产加工产生的转序成本。由 Y_{ij_0} 的组成部分可知，Y_{ij_0} 的大小与工作站 W_{ij} 后的每个工作站中是否设置检验站、检验站中报废的含缺陷类型 Fa^{ij} 的缺陷品数量有关。因为只有当工作站中有检验站时才会产生报废品，因此可令 $S'_{ij} = k_{ij}S_{ij}$。

因此，无论在工作站 W_{ij} 中是否设置线上检验站，从工作站 W_{ij} 中流出的期望产品数量为 $k_{ij}x_{ij}(1-\mu_{ij})+(1-k_{ij})x_{ij}$。

根据上述分析，含缺陷类型 Fa^{ij} 的缺陷品可在工作站 W_{ij} 之后（按生产顺序排列）的任一工作站内的检验站中报废，即有两种可能性：①对于串行生产线 i，在工作站 W_{ij} 之后的任意工作站内的检验站中报废；②对于串行生产线 i 之后（按生产顺序排列）的任意串行生产线 k（$k \in \gamma_i$），在任意工作站内的检验站中报废。即：

（1）对于串行生产线 i，在工作站 W_{ij} 之后的所有工作站内的检验站中，报废品的总数为 $\sum_{m>j} S'_{im}$；则在这些报废品中，含缺陷类型 Fa^{ij} 的缺陷品数量 S^1_{ij} 为：

$$S^1_{ij} = \frac{x_{ij}\varepsilon_{ij}}{x_{i,j+1}} \sum_{m>j} S'_{im} \tag{5.18}$$

（2）对于串行生产线 i 的后部串行生产线集合 γ_i，令 $k \in \gamma_i$，在所有工作站内的检验站中，报废品的总数为 $\sum_{j=1}^{n_k}\sum_{k \in \gamma_i} S'_{kj}$。从串行生产线 i 中流出的产品，会进入其紧后生产线集合 β_i 中的所有串行生产线，令 $l \in \beta_i$；而进入串行生产线 i 的产品数量与其紧前生产线集合 α_l 有关，令 $h \in \alpha_l$。因此，进入串行生产线 i 的紧后生产线集合的产品总数为 $\sum_{(h:\,h \in \alpha_l,\,l \in \beta_i)} x_{h,n_h+1}$，其中来自串行生产线 i 的产品数量所占比例为 $\dfrac{x_{i,n_i+1}}{\sum_{(h:\,h \in \alpha_l,\,l \in \beta_i)} x_{h,n_h+1}}$；进而，对于在串行生产线 i 的后部串行生产线集合 γ_i 中产生的报废品，其中来自串行生产线 i 的缺陷品总数为 $\dfrac{x_{i,n_i+1}}{\sum_{(h:\,h \in \alpha_l,\,l \in \beta_i)} x_{h,n_h+1}} \sum_{j=1}^{n_k}\sum_{k \in \gamma_i} S'_{kj}$。

因此，含缺陷类型 Fa^{ij} 的缺陷品数量 S^2_{ij} 为：

$$S^2_{ij} = \frac{x_{ij}\varepsilon_{ij}}{x_{i,j+1}} \frac{x_{i,n_i+1}}{\sum_{(h:\,h \in \alpha_l,\,l \in \beta_i)} x_{h,n_h+1}} \sum_{j=1}^{n_k}\sum_{k \in \gamma_i} S'_{kj} \tag{5.19}$$

根据假设条件（4），含缺陷类型 Fa^{ij} 的缺陷品最终从生产线中流出的数量为：

$$S_{ij}^* = x_{ij}\varepsilon_{ij} - S_{ij}^1 - S_{ij}^2 \tag{5.20}$$

综上所述，若在工作站 W_{ij} 中设置线上检验站，产生的期望成本 X_{ij_1} 为：

$$X_{ij\_1} = x_{ij}c'_{ij} + r_{ij}R_{ij} + s_{ij}S_{ij} + F_{ij} \tag{5.21}$$

若不在工作站 W_{ij} 中设置线上检验站，产生的期望成本 Y_{ij_0} 为：

$$Y_{ij\_0} = x_{ij}p_{ij} + \varphi_i \frac{x_{ij}\varepsilon_{ij}}{x_{i,j+1}} \sum_{m>j} S'_{im} +$$

$$\tau_{ik}\frac{x_{ij}\varepsilon_{ij}}{x_{i,j+1}} \frac{x_{i,n_i+1}}{\sum_{(h:h\in\alpha_l,l\in\beta_i)} x_{h,n_h+1}} \sum_{j=1}^{n_k}\sum_{k\in\gamma_i} S'_{kj} + \beta_{ij}S_{ij}^* \tag{5.22}$$

因此，对于工作站 W_{ij}，无论是否设置线上检验站，产生的期望成本为：

$$C_{ij} = k_{ij}X_{ij\_1} + (1-k_{ij})Y_{ij\_0}$$

则对于可分解为 Q 条独立串行生产线的串并混合型生产线，产生的期望总成本为：

$$C = \sum_{i=1}^{Q}\sum_{j=1}^{n_i} C_{ij} \tag{5.23}$$

令所有从串并混合型生产线中流出的产品以单位售价 c_p 售出，数量为 x_{Q,n_Q+1}，则期望总收入 R 为：

$$R = c_p x_{Q,n_Q+1} \tag{5.24}$$

在串并混合型生产线中，以成本最小为目标建立模型，求解最优的线上检验站的设置数量和位置，该问题的目标函数为 $\min Z = C - R$，有：

$$\min Z = \sum_{i=1}^{Q}\sum_{j=1}^{n_i} \{k_{ij}(x_{ij}c'_{ij} + r_{ij}R_{ij} + s_{ij}S_{ij} + F_{ij}) +$$

$$(1-k_{ij})[x_{ij}p_{ij} + (\varphi_i - \beta_{ij})\frac{x_{ij}\varepsilon_{ij}}{x_{i,j+1}} \sum_{m>j} S'_{im} +$$

$$(\tau_{ik} - \beta_{ij}) \frac{x_{ij}\varepsilon_{ij}}{x_{i,j+1}} \frac{x_{i,n_i+1}}{\sum_{(h: h \in \alpha_l, l \in \beta_i)} x_{h,n_h+1}} \sum_{j=1}^{n_k} \sum_{k \in \gamma_i}$$
$$S'_{kj} + \beta_{ij}x_{ij}\varepsilon_{ij}]\} - c_p x_{Q,n_Q+1} \quad (5.25)$$

$$\text{s.t.} \begin{cases} x_{11} = N \\ x_{i1} = \sum_{l \in \alpha_i} f_{li} x_{l,n_l+1} & \forall i = 2, 3, \cdots, Q \\ x_{i,j+1} = k_{ij}x_{ij}(1-\mu_{ij}) + (1-k_{ij})x_{ij} & \forall i = 1, 2, \cdots, Q \\ & \forall j = 1, 2, \cdots, n_i \\ c'_{ij} = p_{ij} + c_{ij} & \forall i, j \\ R_{ij} = x_{ij}(\varepsilon_{ij} - \mu_{ij}) & \forall i, j \\ S_{ij} = x_{ij}\mu_{ij} & \forall i, j \\ S'_{ij} = k_{ij}x_{ij}\mu_{ij} & \forall i, j \\ x_{ij} \geq 0 & i, j \\ k_{ij} \in \{0, 1\} & \forall i, j \end{cases}$$
$$(5.26)$$

三 缺陷品处置模式策略

对于一些昂贵且生产过程复杂的产品，由于前后生产工序之间的相关性和缺陷类型的累加性，存在生产缺陷不可修复的可能性。为了保证从工作站 W_{ij} 中流出的产品都为合格品，则应在每道生产工序 M_{ij} 后都设置检验站来保证产品质量，因此检验站的固定成本可忽略不计。当检验无错误时，研究的问题为当工作站 W_{ij} 中存在缺陷品时，应对其进行返工还是报废，使合格品的单位成本最小。

若在每个工作站中都设置检验站且检验无错误，则进入工作站 W_{ij} 的产品都是合格品；缺陷品经过返工或报废后，从串并混合型生产线中流出的产品全部为合格品，且产品总数小于等于 N，因此不需要考虑缺陷品的转序成本和惩罚成本。令 d_{ij} 表示工作站 W_{ij} 中缺陷品处置的决策变量，有：

$$d_{ij} = \begin{cases} 0, & \text{缺陷品返工,} \\ 1, & \text{缺陷品报废} \end{cases}$$

在生产工序 M_{ij} 中，产生的缺陷品数量为 $x_{ij}\varepsilon_{ij}$，也就是检验站 I_{ij} 中报废品或返工品的总数。在检验站 I_{ij} 中，若缺陷品报废，则从工

作站 W_{ij} 中流出的合格品数量为 $x_{i,j+1} = x_{ij}(1-\varepsilon_{ij})$；若缺陷品返工，则从工作站 W_{ij} 中流出的合格品数量为 $x_{i,j+1} = x_{ij}$。因此，无论缺陷品是报废还是返工，从工作站 W_{ij} 中流出的期望合格品数量为 $d_{ij}x_{ij}(1-\varepsilon_{ij}) + (1-d_{ij})x_{ij}$。

在工作站 W_{ij} 中，缺陷品报废时的单位成本 $\varepsilon_{ij}s_{ij}$；缺陷品返工时的单位成本 $\varepsilon_{ij}r_{ij}$。则在工作站 W_{ij} 中，设置检验站时产生的期望成本 X_{ij_1} 为：

$$X_{ij\_1} = x_{ij}[p_{ij}+c_{ij}+\varepsilon_{ij}s_{ij}d_{ij}+\varepsilon_{ij}r_{ij}(1-d_{ij})] \tag{5.27}$$

可以看出，X_{ij_1} 的大小除了与当前工作站 W_{ij} 中缺陷品的处置模式相关外，还与进入工作站 W_{ij} 中的产品数量 x_{ij} 有关。为了使 X_{ij_1} 的值尽可能小，应使 x_{ij} 的值尽可能小，因而只有将工作站 W_{ij} 之前的所有工作站中的缺陷品都报废时，才能使 x_{ij} 达到最小。若只考虑生产线总成本最小，则最优解应为报废所有缺陷品。因此，在本节中，以合格品的单位成本最小为目标，寻找最优解。对于可分解为 Q 条独立串行生产线的串并混合型生产线，产生的总成本：

$$C = \sum_{i=1}^{Q}\sum_{j=1}^{n_1} X_{ij\_1} \tag{5.28}$$

从串并混合型生产线中流出的产品数量为 x_{Q,n_Q+1}，则该问题的目标函数为 $\min Z = \dfrac{C}{x_{Q,n_Q+1}}$，有：

$$\min Z = \frac{\sum_{i=1}^{Q}\sum_{j=1}^{n_i} x_{ij}[p_{ij} + c_{ij} + \varepsilon_{ij}s_{ij}d_{ij} + \varepsilon_{ij}r_{ij}(1 - d_{ij})]}{x_{Q, n_Q+1}} \tag{5.29}$$

$$\text{s.t.} \begin{cases} x_{11} = N, \\ x_{i1} = \sum_{l \in \alpha_i} f_{li} x_{l, n_l+1}, & \forall i = 2, 3, \cdots, Q, \\ x_{i, j+1} = d_{ij}x_{ij}(1-\varepsilon_{ij}) + (1-d_{ij})x_{ij}, & \forall i = 1, 2, \cdots, Q, \\ & \forall j = 1, 2, \cdots, n_i, \\ x_{ij} \geq 0, & \forall i, j, \\ d_{ij} \in \{0, 1\}, & \forall i, j \end{cases}$$

$$\tag{5.30}$$

四 线上质量检验站设置及缺陷品处置模式的综合策略

在本节中综合考虑了两个问题：①如何在串并混合型生产线中设置线上检验站；②若工作站中设置了检验站，缺陷品应返工还是报废？目标是使总成本最小。假设检验站 I_{ij} 中的检验准确率为100%，即检验不存在漏检或错检。根据第五章第二节和第三节中对 k_{ij} 和 $d_{ij}(i=1, 2, \cdots, Q, j=1, 2, \cdots, n_i)$ 的定义，若在工作站 W_{ij} 中设置检验站，有 $k_{ij}=1$，否则 $k_{ij}=0$。同样地，若含有缺陷类型 Fa^{ij} 的缺陷品在工作站 W_{ij} 中报废，有 $d_{ij}=1$；若含有缺陷类型 Fa^{ij} 的缺陷品在工作站 W_{ij} 中返工，有 $d_{ij}=0$。因此，(k_{ij}, d_{ij}) 是一个0—1变量，只有在工作站 W_{ij} 中设置检验站时，缺陷品才有报废或返工的可能性，即只有 $k_{ij}=1$ 时才有 $d_{ij}=1$ 或 $d_{ij}=0$。因此 $(k_{ij}, d_{ij})=\{(1, 1), (1, 0)\}$ 是可能的解的集合；对任意一个工作站 W_{ij} 来说，$(k_{ij}, d_{ij})=\{(0, 1), (0, 0)\}$ 这两组解不可能出现。因此，需找到与所有工作站 W_{ij} 相关的 (k_{ij}, d_{ij}) 的取值，使生产总成本最小。

若在工作站 W_{ij} 中设置检验站，生产工序 M_{ij} 生产的产品数量与检验站 I_{ij} 检验的产品数量相等，在此情形下，可令 $c'_{ij}=p_{ij}+c_{ij}$ 表示工作站 W_{ij} 中单位产品的生产检验成本。工作站 W_{ij} 中产生的成本 X_{ij_1} 由三部分组成：①检验站 I_{ij} 的固定成本；②生产和检验成本；③报废或返工成本。由于检验站 I_{ij} 的存在，从工作站 W_{ij} 中流出的产品数量为 $x_{i,j+1}=x_{ij}(1-\varepsilon_{ij}d_{ij})$，且不含缺陷类型 Fa^{ij}。令 H_{ij} 表示设置检验站 I_{ij} 时，报废或返工的产品数量，有 $H_{ij}=x_{ij}\varepsilon_{ij}$。

若不在工作站 W_{ij} 中设置检验站，其分析过程与第五章第二节相同，不再赘述。不同的是，只有当含缺陷类型 Fa^{ij} 的缺陷品，在工作站 W_{ij} 之后的工作站内的检验站中报废时，才会产生转序成本，因此可令 $H'_{ij}=k_{ij}d_{ij}H_{ij}$。且有：

（1）对于串行生产线 i，在工作站 W_{ij} 之后的所有工作站内的检验站中，报废品的总数为 $\sum_{m>j}H'_{im}$；则在这些报废品中，含缺陷类型 Fa^{ij} 的缺陷品数量 S^1_{ij} 为：

$$S_{ij}^1 = \frac{x_{ij}\varepsilon_{ij}}{x_{i,\,j+1}} \sum\nolimits_{m>j} H_{im}' \qquad (5.31)$$

（2）对于串行生产线 i 的后部串行生产线集合 γ_i，令 $k \in \gamma_i$，在所有工作站内的检验站中，报废品的总数为 $\sum_{j=1}^{n_k} \sum_{k \in \gamma_i} H'_{kj}$。从串行生产线 i 中流出的产品，会进入其紧后生产线集合 β_i 中的所有串行生产线，令 $l \in \beta_i$；而进入串行生产线 l 的产品数量与其紧前生产线集合 α_l 有关，令 $h \in \alpha_l$。因此，进入串行生产线 i 的紧后生产线集合的产品总数为 $\sum_{(h:\,h \in \alpha_l,\,l \in \beta_i)} x_{h,\,n_h+1}$，其中来自串行生产线 i 的产品数量所占比例为 $\dfrac{x_{i,\,n_i+1}}{\sum_{(h:\,h \in \alpha_l,\,l \in \beta_i)} x_{h,\,n_h+1}}$；进而，对于在串行生产线 i 的后部串行生产线集合 γ_i 中产生的报废品，其中来自串行生产线 i 的缺陷品总数为 $\dfrac{x_{i,\,n_i+1}}{\sum_{(h:\,h \in \alpha_l,\,l \in \beta_i)} x_{h,\,n_h+1}} \sum_{j=1}^{n_k} \sum_{k \in \gamma_i} H'_{kj}$。

因此，含缺陷类型 Fa^{ij} 的缺陷品数量 S_{ij}^2 为：

$$S_{ij}^2 = \frac{x_{ij}\varepsilon_{ij}}{x_{i,\,j+1}} \frac{x_{i,\,n_i+1}}{\sum_{(h:\,h \in \alpha_l,\,l \in \beta_i)} x_{h,\,n_h+1}} \sum_{j=1}^{n_k} \sum_{k \in \gamma_i} H'_{kj} \qquad (5.32)$$

根据假设条件（4），含缺陷类型 Fa^{ij} 的缺陷品最终从生产线中流出的数量为：

$$S_{ij}^* = x_{ij}\varepsilon_{ij} - S_{ij}^1 - S_{ij}^2 \qquad (5.33)$$

因此，最终从工作站 W_{ij} 中流出的期望产品数量为 $k_{ij}x_{ij}(1-d_{ij}\varepsilon_{ij}) + (1-k_{ij})x_{ij}$。综上所述，若在工作站 W_{ij} 中设置线上检验站，产生的期望成本 X_{ij_1} 为：

$$X_{ij\_1} = X_{ij}c'_{ij} + [r_{ij}(1-d_{ij}) + s_{ij}d_{ij}]H_{ij} + F_{ij} \qquad (5.34)$$

若不在工作站 W_{ij} 中设置线上检验站，产生的期望成本 Y_{ij_0} 为：

$$Y_{ij\_0} = x_{ij}p_{ij} + \varphi_i \frac{x_{ij}\varepsilon_{ij}}{x_{i,\,j+1}} \sum\nolimits_{m>j} H'_{im} + \tau_{ik} \frac{x_{ij}\varepsilon_{ij}}{x_{i,\,j+1}}$$

$$\frac{x_{i,\,n_i+1}}{\sum_{(h:\,h\in\alpha_l,\,l\in\beta_i)}x_{h,\,n_h+1}}\sum_{j=1}^{n_k}\sum_{k\in\gamma_i}H'_{kj}+\beta_{ij}S^*_{ij} \tag{5.35}$$

因此，对于工作站 W_{ij}，无论是否设置线上检验站，产生的期望成本为：

$$C_{ij}=k_{ij}X_{ij\_1}+(1-k_{ij})Y_{ij\_0}$$

则对可分解为 Q 条独立串行生产线的串并混合型生产线，产生的期望总成本为：

$$C=\sum_{i=1}^{Q}\sum_{j=1}^{n_i}C_{ij} \tag{5.36}$$

令所有从串并混合型生产线中流出的产品以单位售价 c_p 售出，数量为 x_{Q,n_Q+1}，则期望总收入 R 为：

$$R=c_p x_{Q,n_Q+1} \tag{5.37}$$

在串并混合型生产线中，以成本最小为目标建立模型，求解最优的线上检验站的设置数量和位置，以及缺陷品的处置模式。该问题的目标函数为 $\min Z=C-R$，有：

$$\min Z = \sum_{i=1}^{Q}\sum_{j=1}^{n_i}\Big\{k_{ij}\big[x_{ij}c'_{ij}+r_{ij}(1-d_{ij})H_{ij}+s_{ij}d_{ij}H_{ij}+F_{ij}\big]+$$

$$(1-k_{ij})\Big[x_{ij}p_{ij}+(\varphi_i-\beta_{ij})\frac{x_{ij}\varepsilon_{ij}}{x_{i,j+1}}\sum_{m>j}H'_{im}+$$

$$(\tau_{ik}-\beta_{ij})\frac{x_{ij}\varepsilon_{ij}}{x_{i,j+1}}\frac{x_{i,n_i+1}}{\sum_{(h:\,h\in\alpha_l,\,l\in\beta_i)}x_{h,n_h+1}}\sum_{j=1}^{n_k}$$

$$\sum_{k\in\gamma_i}H'_{kj}+\beta_{ij}x_{ij}\varepsilon_{ij}\Big]\Big\}-c_p x_{Q,n_Q+1}, \tag{5.38}$$

$$\text{s.t.} \begin{cases} x_{11} = N, \\ x_{i1} = \sum_{l \in \alpha_i} f_{li} x_{l,\,n_l+1}, & \forall i = 2, 3, \cdots, Q, \\ x_{i,j+1} = k_{ij} x_{ij} (1 - d_{ij} \varepsilon_{ij}) + (1 - k_{ij}) x_{ij}, & \forall i = 1, 2, \cdots, Q, \\ & \forall j = 1, 2, \cdots, n_i, \\ c'_{ij} = p_{ij} + c_{ij}, & \forall i, j, \\ H_{ij} = x_{ij} \varepsilon_{ij}, & \forall i, j, \\ H'_{ij} = k_{ij} d_{ij} x_{ij} \varepsilon_{ij}, & \forall i, j, \\ x_{ij} \geqslant 0, & \forall i, j, \\ d_{ij} \in \{0, 1\}, & \forall i, j, \\ k_{ij} \in \{0, 1\}, & \forall i, j \end{cases}$$

(5.39)

第三节　数值算例

本节中，以图 5.4 中的串并混合型生产线为例，以总成本最小为研究目标，根据第五章第二节中提出的串并混合型生产线线上检验站设置模型，假设检验无错误，求解出生产线中最优的检验站数量和位置。

在图 5.4 中，由 9 个工作站组成了一个串并混合型生产线。按逻辑上的生产顺序，可将其分解为 $Q=7$ 条独立的串行生产线。

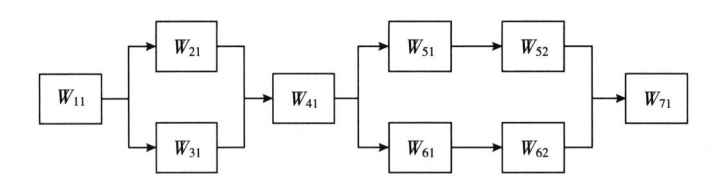

图 5.4　串并混合型生产线的示例

根据第五章第二节中对紧前串行生产线集合、紧后串行生产线集合和后部串行生产线集合的定义,每条串行生产线之间的关系如表 5.1 所示。

表 5.1　串并混合型生产线中,独立串行生产线之间的关系

串行生产线	紧前串行 生产线集合 α_i	紧后串行 生产线集合 β_i	后部串行 生产线集合 γ_i	n_i
1	—	(2, 3)	(2, 3, 4, 5, 6, 7)	1
2	(1)	(4)	(4, 5, 6, 7)	1
3	(1)	(4)	(4, 5, 6, 7)	1
4	(2, 3)	(5, 6)	(5, 6, 7)	1
5	(4)	(7)	(7)	2
6	(4)	(7)	(7)	2
7	(5, 6)	—	—	1

共有 $N=1000$ 件原材料进入如图 5.4 所示的串并混合型生产线中,而最终从生产线中流出的产品都以单位售价 $c_p=50$ 元售出。

表 5.2 和表 5.3 为该模型使用的参数值。其中,与产品个数相关的单位为"件",与产品成本相关的单位为"元",为表述简便,后文不再赘述。

表 5.2　串并混合型生产线参数一

W_{ij}	p_{ij}	ε_{ij}	μ_{ij}	c_{ij}	s_{ij}	r_{ij}	ω_{ij}	F_{ij}
W_{11}	24	0.102	0.03	5	15	7	13	50
W_{21}	19	0.116	0.03	6	16	8	12	50
W_{31}	18	0.261	0.10	8	17	9	11	60
W_{41}	22	0.121	0.02	4	18	6	10	60
W_{51}	20	0.326	0.15	7	19	7	14	70
W_{52}	18	0.120	0.05	5	15	8	11	50
W_{61}	30	0.200	0.01	8	14	5	10	60
W_{62}	12	0.270	0.08	9	20	7	12	70
W_{71}	17	0.205	0.01	10	16	6	14	50

表 5.3 　　　　　　　　　串并混合型生产线参数二

τ_{ij}/f_{ij}	1	2	3	4	5	6	7
1	3/---	6/0.3	8/0.7	12/---	16/---	18/---	19/---
2	---	1/---	---/---	5/1	6/---	8/---	9/---
3	---	---	2/---	4/1	7/---	9/---	13/---
4	---	---	---	1/---	4/0.6	5/0.4	6/---
5	---	---	---	---	4/---	---/---	9/1
6	---	---	---	---	---	3/---	5/1
7	---	---	---	---	---	---	2/---

注：用 τ_{ii} 来表示 φ_i 的取值。

根据第五章第二节中给出的模型，得到的串并联混合型生产线中线上检验站设置的最优解如表 5.4 所示。

表 5.4 　　串并混合型生产线中，线上质量检验站设置的最优解

W_{ij}	W_{11}	W_{21}	W_{31}	W_{41}	W_{51}	W_{52}	W_{61}	W_{62}	W_{71}
k_{ij}	0	1	0	0	0	0	0	0	0

由表 5.4 可知，当在工作站 W_{21} 中设置线上检验站时，使 Z 的取值达到最小，此时有 $C = 1.429 \times 10^5$，从生产线中流出的产品期望总数为 990。

第四节　本章小结

本章在第三章和第四章的基础上，对生产线线上和线下质量检验进行了拓展研究。

在第一节中，以线上质量检验站的设置模型和线下质量检验中的不检策略为基础，以总成本最小为目标，从三个方面建立了线上和线下质量检验的综合策略模型。①若生产波动性不存在，当每个

工作站中都设置检验站时，建立了综合策略的全数检验模型。在该模型中，求解出执行线上质量检验的最优产品数量 n_i，并对剩余产品执行线下质量检验策略中的不检策略。给出了相应的流通合格率的计算方法。②将线上和线下质量检验的综合策略视为一个整体，建立了检验站设置模型，求解出生产线中最优的检验站数量和位置以及执行线上质量检验的最优产品数量，给出了流通合格率的计算方法。③当生产波动性存在时，提出了综合策略一般模型的扩展模型，并求解出在每个工作站中执行线上质量检验的最优产品数量。

在第二节中，以串并混合型生产线为研究对象，以总成本最小为目标，建立了线上质量检验站的优化设置模型，从而可以求解最优的检验站数量和位置。其次，为抑制缺陷品从串并混合型生产线中流出，建立了全数检验时的缺陷品处置模型（返工或报废）。最后，综合考虑线上质量检验站设置和缺陷品处置模型，建立了以总成本最小为目标的综合策略模型；在该模型中，既可以求解出最优的检验站数量和位置，还可以确定缺陷品的处置模式。

本章的创新点分为两部分：

（1）若生产波动性不存在，建立了全数检验时的线上和线下质量检验的综合策略模型，给出了相应的流通合格率的计算方法；将线上和线下质量检验的综合策略视为一个整体，提出了检验站设置模型，给出了相应的流通合格率的计算方法；若生产波动性存在，建立了全数检验时的线上和线下质量检验的综合策略模型。

（2）建立了串并混合型生产线的线上质量检验站的优化设置模型；建立了全数检验时的缺陷品处置模型（返工或报废）；综合考虑线上质量检验站设置和缺陷品处置模型，建立了以总成本最小为目标的综合策略模型。

第六章 生产线质量检验研究结论及前景概述

随着市场竞争越来越激烈，促使企业产生提高质量的内在需求，同时也将企业的经营环境带入质量经营时代。在产品质量形成的过程中，质量检验起着非常重要的作用，它是产品质量管理和质量保证的重要环节，是企业质量经营活动中必不可少的一个环节。质量检验是企业管理科学化的基础工作之一，是企业最重要的信息源，同时也是保护用户利益和企业信誉的卫士。

第一节 生产线质量检验的主要研究成果

本书以两类检验策略（线上质量检验策略和线下质量检验策略）为研究基础，以实际应用为背景，建立了新的质量检验策略模型。

第一，本书第三章的主要创新点是在综合考虑串行生产线中缺陷品的转序成本及前后工序关联性的情形下，建立了串行生产线线上质量检验站的优化设置模型，给出了相应的生产线流通合格率的计算方法和模型算法；建立了检验错误存在时的线上质量检验站的优化设置模型，给出了相应的生产线流通合格率的计算方法。

第二，本书第四章的主要创新点是提出了三种先验信息模式，给出了九种不检策略；引入了参数 α（产品产自可控状态的置信度），根据非等分分治算法，提出了生产波动性存在时的线下质量检验策略；证明了在每个新的待检产品集合中，生产第一个产品时生产线都处于可控状态；给出了相应的停检规则和执行流程；当检验时间不可忽略时，给出了线下检验次数和总成本的计算方法。

第三，本书第五章第一节的主要创新点是在生产波动性不存在的情形下，建立了生产线线上和线下质量检验综合策略的全数检验模型，求解出执行线上质量检验的最优产品数量 n_i，并对剩余产品执行线下质量检验策略中的不检策略，给出了相应的流通合格率的计算方法；将线上和线下质量检验的综合策略视为一个整体，提出了检验站设置模型，给出了相应的流通合格率的计算方法；在生产波动性存在的情形下，建立了执行全数检验时的线上和线下质量检验的综合策略模型。

第四，本书第五章第二节的主要创新点是建立了串并混合型生产线的线上质量检验站的优化设置模型，从而可以求解出最优的检验站数量和位置；建立了全数检验时的缺陷品处置模型（返工或报废）；综合考虑线上质量检验站设置和缺陷品处置模型，建立了以总成本最小为目标的综合策略模型。

第二节　生产线质量检验的研究展望

对任何一家企业而言，质量是其在激烈的市场竞争中，打败对手、成为行业领军的重要因素之一，如何有效地对产品的质量和成本进行控制已成为企业管理者的一项重要任务。由于生产过程的复杂性、动态性和随机性，做好生产线质量控制一直是制造型企业管理者的重要任务之一，而质量检验是必不可少的环节。质量检验不仅提高了产品的出厂质量，另外也对企业生产成本产生影响。因此，必须综合考虑采用何种质量检验策略综合效益最好。

新型智能生产模式解决了产品自动化生产和装配的问题，但如何进行产品质量检验还处于初步探索阶段；对部分结构复杂、标准多样、数量少和造价高的产品（如电子产品），质检员人工全检仍是保证质量的主要手段，效率和正确率难以保证，导致产品价值无法实现质的突破。然而，在解决生产线质量问题时，人员要素很少被提及。质检员的工作能力有强弱之分、工作意愿有大小之分：技能水平、经验、情绪、动机、薪酬、健康状况等因素对工作效率有着明显的影响。因此，建立质检员成熟度评价指标体系至关重要。

在生产线质量检验问题中，根据质检员不同成熟度来安排不同复杂度产品的检验，即对质检员成熟度和产品复杂度进行匹配，有助于提高生产率、降低生产成本、缩短检验时间、控制员工工作量、确定是否可以兑现交货承诺等。匹配包含两方面含义：优先级和能力，前者关注的是首先做什么，后者关注的是谁应该做什么。此外，质检员通过学习行为可以保证产品质量和提高生产系统绩效，进而需要随着质检员成熟度的动态变化与产品复杂度进行权变匹配。基于上述分析和考虑，结合本书的研究基础，可针对质量检验的不同操作方式（线上质量检验和线下质量检验）、运行环境（串行生产线、串并混合型生产线和柔性生产线），面向生产制造型企业对质量检验理论的需求，提出新的质量检验策略、模型、方法和理论，拓展质量检验理论的应用范畴，丰富质量检验理论体系和内涵。

一 电子信息制造业定制化产品质量检验策略研究

（一）研究背景及意义

随着"大智移云"的发展，电子信息产业因拥有广阔的市场前景成为国家支柱产业。如2019年1—9月，河北省电子信息产业经济运行发展势头较好，572家入统企业累计完成主营业务收入1146亿元，保持较快增长。其中，制造业实现主营收入869.9亿元。

电子信息制造业是电子信息产业的基础。随着全球高端市场竞争日趋激烈、技术不断升级与创新，电子信息制造项目可通过"产品定制化"和"精益化管理"提高生产线的柔性和效率，使企业更好地满足高端客户个性化需求较高，适应市场，提高声誉和影响力，实现转型赢得竞争优势。

与传统的批量生产相比，定制生产不仅要符合国家标准要求，还要满足客户需求；即使客户使用同一牌号产品，质量规格要求也不尽相同。定制化产品需要增加生产工艺的多样性，从而增加了诊断劣质品的难度，对"精益化管理"提出了更高要求。质量检验是保证电子信息制造业由大变强的重要手段。因此，在采用定制化生产模式满足客户个性化需求的同时，相应的质量检验方法也要随之改变。

对电子信息制造业中的定制化产品提出质量检验策略，可以帮助企业实现高效生产，进一步提升电子信息产业在全球市场中的竞争地位。

（二）国内外研究现状及发展动态分析

1987年，Stanly Davis首次将"大规模"和"定制"两个概念结合提出"大规模定制"的理念，该理念在20世纪90年代引入中国（翟晓伟，2013；余威，2014）。为解决传统的、面向大批量生产的质量控制技术与方法的不足，国内外学者针对定制化产品的质量管理问题进行了一些研究。

从理论角度来看，Kelada等（1997）提出了全面质量管理是定制化生产的前提。Kristal等（2010）证明了质量管理和大规模定制能力之间的关系。Chen等（2017）给出了批量生产下的线下质量检验策略模型。Chen等（2017）围绕定制产品全生命周期，关注定制产品设计、生产和售后阶段，探究如何以更好的方式提供优质的定制产品。许静等（2009）根据大批量定制的质量控制体系结构，给出了质量评价指标和评价方法。董兰娟等（2013）提出大规模定制多元质量控制系统。余威（2014）从过程质量控制的标准、手段等方面提出了改进方法。杨俊等（2019）主要介绍了面向定制化需求的过程质量控制系统的搭建逻辑和方法，便于质量执行的监控和现场进度的跟踪。张敏等（2019）给出了适用于物联网背景下定制行业服务质量测量量表。黄英（2019）借助Kano模型识别和归类产品个性化需求。

从实践角度来看，Koons和Luner（1991）通过加工中心试点项目来说明控制图在小样本数据中的应用。李斌（2014）提出了面向定制的磨削设备制造企业质量管理模式，给出了供应商制造过程质量监控策略。芮晓飞（2014）以非标准定制扶梯产品为研究对象，通过控制关键质量特性提出质量改进的方法。赵艳（2015）针对军工类产品定制化的特点，从产品全生命周期的角度，利用PDCA质量工具进行产品改进。畅志辉（2016）针对飞机廊桥空调产品，从开发质量管控和供应商质量管控两个方面入手，实现开发阶段的质量管控。

从当前的研究成果以及文献来看，有以下四个方面尚存在不足：

（1）研究重点放在定制化生产系统的全过程质量管理工作上，如质量管理系统体系（赵方方和何桢，2009），对质量检验策略的研究较少。

（2）研究主要针对具体企业，如3M公司（翟晓伟，2013）；或者特定行业，如磨削设备（李斌，2014）、家具（周阳峰，2018）等，对电子信息制造业的研究较少。

（3）研究内容大多集中在定制化生产过程，对定制化产品的研究较少。

学者的研究方法和结论大多是定性的（供应商质量管控策略、过程质量控制策略等），定量模型和成果较少。

（三）研究内容

未来可针对电子信息制造业中的定制化产品的质量检验策略进行研究。结合企业现行质量管理现状，对质量检验设计和实施过程中存在的问题加以研究分析，提出改进方法。可从以下两个方面的内容进行深入研究，其分别是：

1. 电子信息制造业定制化产品复杂度与检验方案网状链接模型研究

针对质量检验设计过程中存在的问题，根据定制化产品结构复杂、标准多样、数量少、重复性低、部分产品造价高等特点，构建定制化产品复杂度评价指标体系；根据质检员工作水平的差异和质检设备功能、成本和数量的限制，重构检验方案（质检员和质检设备）组合；创建两者之间网状链接模型，力图达到质量检验最佳状态。

2. 网状链接模型下的线下质量检验策略及应用研究

针对质量检验设施过程存在的问题，基于网状链接模型探索过程质量判断新方法，给出线下质量检验策略模型，力图实现质量管理过程动态修正。

本书希望使企业在满足客户要求的同时形成低成本、高质量、快速响应的竞争力，并对电子信息制造业定制品质量管理模式具有借鉴和推广意义。

（四）研究目标

本书以"对电子信息制造业定制化产品的复杂度进行评价"为切入点，通过探讨不同复杂度的定制化产品的最佳检验方案构建网状链接模型，以期提高质量检验效率；并在此基础上探讨过程质量判断新方法和线下质量检验策略，以期实现质量管理过程动态修正。该研究将丰富电子信息制造业定制化产品质量检验的研究理论、方法和工具，提高相关企业的经济效益和市场竞争力。

（1）构建电子信息制造业定制化产品复杂度评价指标体系。

（2）给出基于定制化产品和检验方案的网络链接模型。

（3）探索电子信息制造业定制化产品生产过程质量判断新方法和新工具。

（4）提出基于网络链接模型的线下质量检验策略模型。

（五）拟解决的科学问题

（1）如何识别和归类影响电子信息制造业定制化产品质量的关键特性，确定划分复杂程度的标准。

（2）如何根据定制化产品的复杂程度选择适宜的检验方案组合以实现高效质量检验过程，从而构建网状链接模型。

（3）如何在现有过程质量判断方法的基础之上，创建符合电子信息制造业定制化产品质量特性的新技术和新方法。

（4）如何把网状链接模型以及众多影响检验效果和效率的因素，有重点地、有目的地融入待构建的线下质量检验策略模型中。

（六）特色与创新点

本书的特色在于：研究对象为国家支柱产业之一的电子信息制造业中的定制化产品，研究过程中综合考虑了质检员工作水平和质检设备工作能力，力图给出过程质量判断新方法和线下质量检验策略，实现质量检验最佳状态并追求研究成果的普适性、领先性和实用性，实质性地解决国内外电子信息制造业定制化产品质量检验建模和优化难题。

本书预计的主要创新点归纳为以下四个方面：
（1）构建电子信息制造业定制化产品复杂度评价指标体系。
（2）给出定制化产品和检验方案组合的网状链接模型。
（3）探索过程质量判断新方法，提出线下质量检验策略模型。
（4）本书的实践过程提高了研究成果的普适性、领先性和实用性。

（七）技术路线

本书循着"构建网状链接模型—构建线下质量检验策略模型—项目成果应用"的思路展开。具体技术路线如图6.1所示。

二 基于质检员匹配视角的生产线权变质量检验策略研究

（一）研究背景及意义

尽管技术的发展使自动化生产越来越普遍，但是由于预算限制、空间限制和高水平人才的缺失，并非所有制造系统都可以变成自动化。因此，为了更好地控制产品质量，检验策略和质检员技术水平就变得尤为重要，而产品复杂度影响了检验策略的难易程度和质检员技术水平的高低。"以人为本"是企业管理核心理念之一，如何通过制定合理的激励机制提高质检员工作意愿也是重要研究内容。国内外研究针对不同运行环境和条件，构建了大量的生产线线上和线下质量检验模型，但大多数研究讨论的是特殊情形下的质量检验问题，未进行一般化和系统化。

质量是企业的生存之本，质量管理起着举足轻重的作用，而质量检验是质量管理的重要手段之一。本书应用质量管理学、管理学、心理学等理论及相关方法、技术探讨生产线中质量检验策略问

第六章 生产线质量检验研究结论及前景概述

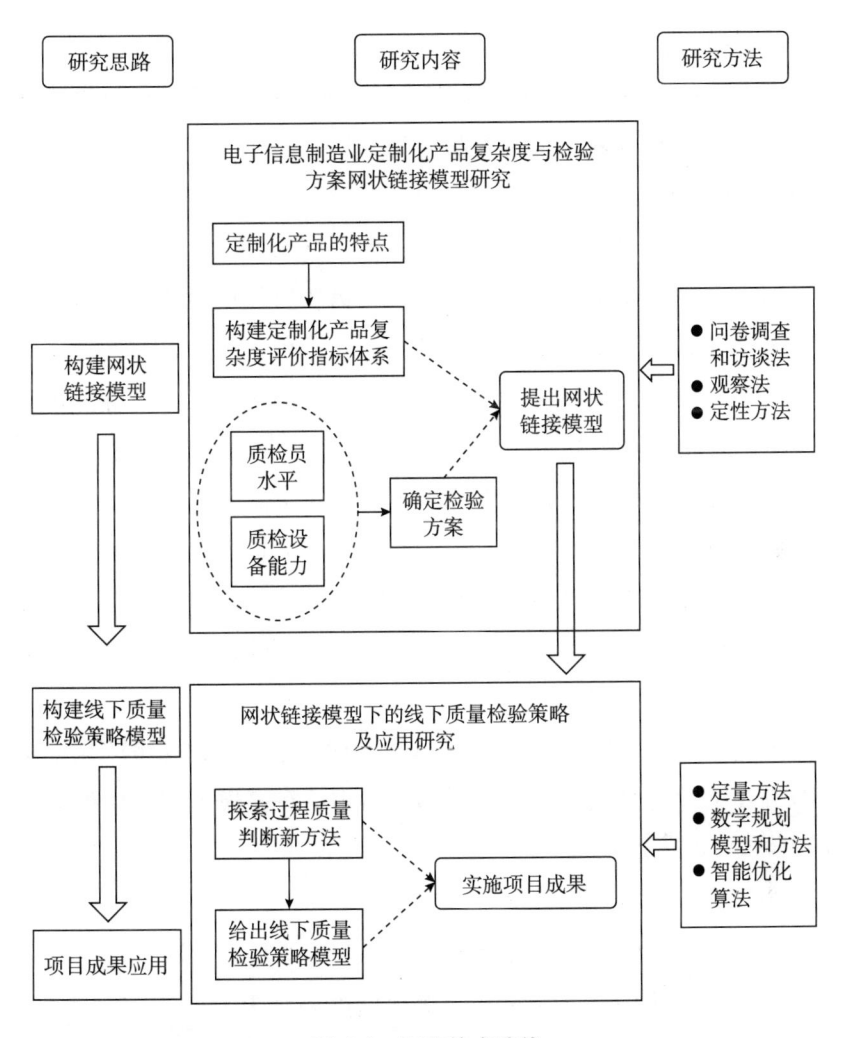

图 6.1 研究技术路线

题，从而帮助企业管理者做出更加科学理智的决策。

（二）国内外研究现状及发展动态分析

1. 产品复杂度

在检验过程中，待检产品可能具有单一质量特性，也可能具有多个质量特性，从而构成了产品的复杂度。Sarkar 等（2015）通过对产品进行等级划分以获得最大收益。Hui（1990）、Duffuaa 和 Nadeem（1994）以及 Lee 等（1988）分别对具有两个、多个质量特征的产品如何进行全数检验的问题进行了研究。Duffuaa 和 Gaaly（2017）针对检验无错误和检验有错误的情形对生产线 100% 检验进行了研究，根据检验结果将产品分为一等品、二等品和返工品并对其进行相应处理。

2. 生产线人员技术水平及任务分配研究现状

Zhao 等（2020）指出，在轧钢厂中需要质检员对耐磨材料的厚度进行人工检验。Azadeh 等（2017）提出，由于人的可靠性和决策能力，在检验过程中应加入对人的行为的考虑。Kim 和 Glock（2018）研究的是在单一产品生产线中，如何对具备不同生产能力的冗余设备进行选择以达到总成本最优，并考虑了生产批量和运送批量的大小。Bennett 等（1974）和 Sarkar 等（2018）强调了在线上质量检验系统中，质检员检验错误对组织绩效的影响。赵小松等（2015）根据工人的疲劳程度、工作负荷以及时间约束，建立人工拣选货品的排程模型。

Kong 等（2013）从工人工作水平不同入手，考虑在生产线中如何安排工人使得总成本最小化以满足需求。在该模型中，生产线有 n 个阶段，在生产线中有两种类型的工人 A 和 B，A 代表技术能手，生产率较高；而 B 代表普通工人，生产率为平均水平。在每一个生产阶段只分配一个工人，每个工人的工作时间 T_l（$l=1, 2, \cdots, n$）相互独立且服从一定概率分布，概率密度函数为 $f_l(t)$，每一个生产阶段有一固定的已知时间限值 Z。针对工人不同的工作水平，在生产线中就会出现两种状态：工人工作闲置和拖延；同时会产生两类成本：闲置成本和拖延成本。同时，他们认为工人因工作拖延产生的成本，不仅与当前生产阶段有关，还与之前的生产阶段有关。如果连续两个阶段发生工作拖延，则第（$i+1$）阶段的拖延成本 $C_P^{(2)}$ 必然大于第 i 阶段 $C_P^{(1)}$，连续 k 个阶段的工作拖延成本同理。因此，当生产线中有两个技术能手时，如何通过安排工人的位置使总成本最小是该文的核心内容。

3. 生产线人员学习效应

劳动力的学习行为可以提高生产率。质量控制和学习行为之间相互影响的关系是由 Koulamas（1992）首先提出来的，用以评估产品设计对质量和成本的影响。Teng 和 Thompson（1996）研究了工人的学习行为及它是如何影响产品的质量和成本。Franceschini 和 Galetto（2002）的研究结果显示，通过提升工人的技术水平，可以减少不合格品数量。Jaber 和 Guiffrida（2008）提出了质量学习曲线，并给出了不合格品率递减公式。此外，学者通过放宽假设条件来研究 QLC。Jaber 和 Khan（2010）考虑了不合格品的返工及报废。Ramzan 和 Kang（2016）提出了一个基于学习行为的多目标优化模型，给出了三个重要参数来衡量质检员的工作绩效。结果显示，产量和成本与质量有直接关系；当与学习行为结合时，它们之间的关系就变得更加明显。Babar 等（2019）和 Kang 等（2018）基于质检员的学习行为，构建多目标模型，目的在于对不同技术水平的质检员进行组合，从而实现质量检验站优化目标。他们将质检员的学习行为按固定阶段进行划分，但并未讨论和证明阶段长短的选择标准和依据，同时未明确定义不同技术水平质检员的划分标准。Mosheiov（2001）认为，在生产过程中会发生学习行为，随着加工数量的增加，生产效率会得到提高。很明显，学习行为会影响工作安排。Khan 等（2010）研究了当质检员具有学习行为时，对经济订货批量模型的影响。Chakravorty 和 Hales（2017）总结了关于质量控制技术和学习行为之间关系的重要文献。

4. 文献述评

从当前的研究成果以及文献来看，有以下四个方面尚存在不足：

（1）在讨论不同类型生产线质量检验策略时，质检员很少提及。然而从实践角度来看，质检员的工作能力和工作意愿会极大地影响质量检验的效率和正确率，质检员的学习效应也会对质检工作产生动态影响，应给予重视。

（2）在现有文献中，当产品质量特性较多或产品规格较复杂时，多采用线上全数检验策略。应从多角度（线下质量检验策略、协同质量检验策略等）对复杂产品的质量检验策略问题进行研究。

（3）在现有研究中，质检员的工作能力和产品的质量特性分别作为独立要素对检验结果产生影响。由于绩效考核、工资薪酬、任务环境的影响，不同复杂度的产品对质检员的工作能力要求不同，同时质检员的工作能力和工作意愿会影响产品质检的效率和效益。因此，应对产品—质检员的匹配状态进行研究。

（4）在多数文献中，研究对象大多是串行生产线的线上质量检验和线下质量检验问题，对非串行生产线、柔性生产线和协同质量检验策略的研究较少。

（三）研究内容

质量是企业的生存之本，生产线质量检验是保证产品达到质量要求的重要手段。本书面向生产制造型企业的需求，提出新的质量检验模型和策略，帮助企业管理者做出更加科学的决策，并丰富质量检验理论体系和内涵。产品复杂度、质检员成熟度和检验策略决定了检验的效率和效益，对生产系统至关重要。本书提出了产品复杂度和质检员成熟度的评价指标体系，构建"静态"产品—质检员匹配模型，给出不同检验负荷下的最优质检策略。根据质检员的学习效应，依据成熟度的动态变化构建"权变"产品—质检员匹配模型。以串行和非串行生产线为研究对象，建立生产线线上、线下和协同质量检验模型，给出生产线质量检验一般理论。基于以上成果，将"静态"和"权变"匹配模型与生产线质量检验理论相结合，形成基于质检员匹配视角的生产线权变质量检验策略，以满足生产实践需要。本书将在理论上有一定的突破，也为解决生产型企业的质量检验需求提供技术支持。

本书拟从以下三个方面内容进行深入研究，分别是：产品复杂度和质检员成熟度匹配模型研究、基于匹配模型的串行生产线质量检验理论研究和基于匹配模型的非串行生产线质量检验模型研究。

1. 产品复杂度和质检员成熟度匹配模型研究

本书内容包含两个方面。质检员成熟度评价指标体系、"静态"

和"权变"产品—质检员匹配模型为创新性研究。

（1）"静态"产品—质检员匹配模型：构建产品复杂度和质检员成熟度评价指标体系。

产品根据检验规范的多少和难易程度可划分为不同复杂度。质检员技术水平由其检验效率和检验效果决定，而质检员成熟度则由其技术水平的高低和工作意愿的大小共同决定。质检员工作的有效性很大程度上取决于其成熟度，而成熟度在可用的人力范围内是因人而异的。给出产品复杂度和质检员成熟度评价指标体系是主要工作之一。产品的出厂质量、总检验成本和总检验数量取决于质检员与产品的匹配状态，即产品质量检验工作需要多少具有何种成熟度的质检员共同完成以实现最优化目标。基于此，构建"静态"产品—质检员匹配模型，基于不同检验负荷形成最优"静态"质检策略。

（2）"权变"产品—质检员匹配模型：基于学习行为的质检员成熟度动态变化对质量检验策略的影响。

人类劳动相对于机器自动化的一个重要优势就是人类的学习能力，可使其技术水平随着经验的增加而提高。大多数质量检验实践使用的是"静态"质检策略，即质检员组合只可在检验工作开始之前进行调整，并保持不变直至检验结束，且在绝大多数研究中认为质检员的技术水平不会发生变化。"静态"成熟度对检验有效性有着负面影响，可能会降低检验效率（定薪制）或者产生空闲时间（计件制）。质检员在检验过程中的学习行为会对其技术水平产生影响，进而影响成熟度，并且产品复杂度在一定程度上影响了质检员的学习行为和成熟度的变化强弱。因此，基于质检员的学习行为绘制学习曲线，以"静态"模型为基础，依据质检员成熟度的动态变化构建"权变"产品—质检员匹配模型。在质量检验过程中定期或定量地对质检员组合进行调整，基于不同的检验负荷形成最优"权变"质检策略。

2. 基于匹配模型的串行生产线质量检验理论研究

本书内容包含三个方面，是对第三章至第五章的进一步探索与总结。串行生产线线上和线下协同质量检验理论、"静态"和"权变"匹配模型下的生产线质量检验理论的应用为创新性研究。

（1）串行生产线线上质量检验理论及应用研究。

线上质量检验是指在生产进行时对在制品执行全数/100%检验。以串行生产线为研究对象，基于产品类型、产量质量特性和工序相依性等因素，构建新的串行生产线线上质量检验模型，制定最优检验策略（包括检验站位置及数量等决策变量），并进行灵敏度分析。基于此，归纳和总结串行生产线线上质量检验理论；并将产品—质检员匹配模型与该理论相结合，为生产型企业提供更完整的质量检验策略。

（2）串行生产线线下质量检验理论及应用研究。

基于串行生产线线下质量检验策略的一般模型，通过寻找状态转移点，构建几种特殊情景下串行生产线线下质量检验模型与策略。例如，引入生产线波动性、检验错误和检验时间不可忽略等前提假设，覆盖和表达所关心的具有实践意义的生产检验系统。基于此，归纳和总结串行生产线线下质量检验理论，并将产品—质检员匹配模型与该理论相结合，为生产型企业提供更完整的质量检验策略。

（3）串行生产线线上和线下协同质量检验理论及应用研究。

以生产线线上质量检验理论和线下质量检验理论为基础，将总成本最小作为目标，把待检产品一分为二，构建串行生产线线上和线下协同质量检验模型。此外，考虑线上质量检验和线下质量检验的一体性，确定生产线中检验站的位置和数量。基于此，归纳和总结串行生产线线上和线下协同质量检验理论，并将产品—质检员匹配模型与该理论相结合，为生产型企业提供更完整的质量检验策略。

3. 基于匹配模型的非串行生产线质量检验理论研究

本书内容包含两个方面，类似第 2 部分的工作，不同之处在于本部分以非串行生产线为研究对象。非串行生产线质量检验模型为创新性研究。

（1）串并混合型生产线质量检验模型及应用研究。

串行生产线的缺点在于易受到某个或几个工作站的影响，出现瓶

第六章　生产线质量检验研究结论及前景概述

颈环节。提高生产效率的途径之一是针对瓶颈工序添加冗余设备，即设置并联工序。串并混合型生产线即由若干个工作站串联或并联而成。以串并混合型生产线为研究对象，将总成本最小作为目标，构建质量检验优化设置及策略模型。基于此，将产品—质检员匹配模型与该模型相结合，为生产型企业提供更完整的质量检验策略。

（2）柔性生产线质量检验模型及应用研究。

为了适应多品种生产的需要和提高生产效率，柔性生产线在不改变现有生产手段、条件和能力的条件下，通过改变生产线组织方式，在一条流水线上进行多品种搭配，有序地生产多种产品。由于不同产品的作业顺序和作业时间都不相同，所以必须考虑柔性生产线上产品的投入顺序和生产节拍。柔性生产线的复杂性带来了质量检验的实施难度。针对柔性生产线的生产平衡、生产周期、系统负荷等问题，构建质量检验模型。基于此，将产品—质检员匹配模型与该模型相结合，为生产型企业提供更完整的质量检验策略。

通过本书，拟形成一套完整的生产线权变质量检验策略，丰富质量检验理论体系和内涵。通过产品—质检员匹配模型在生产线质量检验过程中的应用，拓展质量检验理论的实践范畴，以期对我国质量检验理论和实践的发展起到推动作用。

具体研究内容和方案如图 6.2 所示。

（四）研究目标

（1）基于产品复杂度和质检员成熟度指标体系，构建"静态"产品—质检员匹配模型，给出该模型下的最优"静态"质检策略。

（2）针对质检员的学习行为和成熟度的动态变化，构建"权变"产品—质检员匹配模型，给出该模型下的最优"权变"质检策略。

（3）针对多背景、多类型、多环境等要素分别建立新的串行生产线线上质量检验模型、线下质量检验模型和线上和线下协同质量检验模型。

（4）归纳和总结串行生产线质量检验一般理论。

（5）产品—质检员匹配模型在串行生产线质量检验理论中的应

》生产线质量检验的优化及策略研究

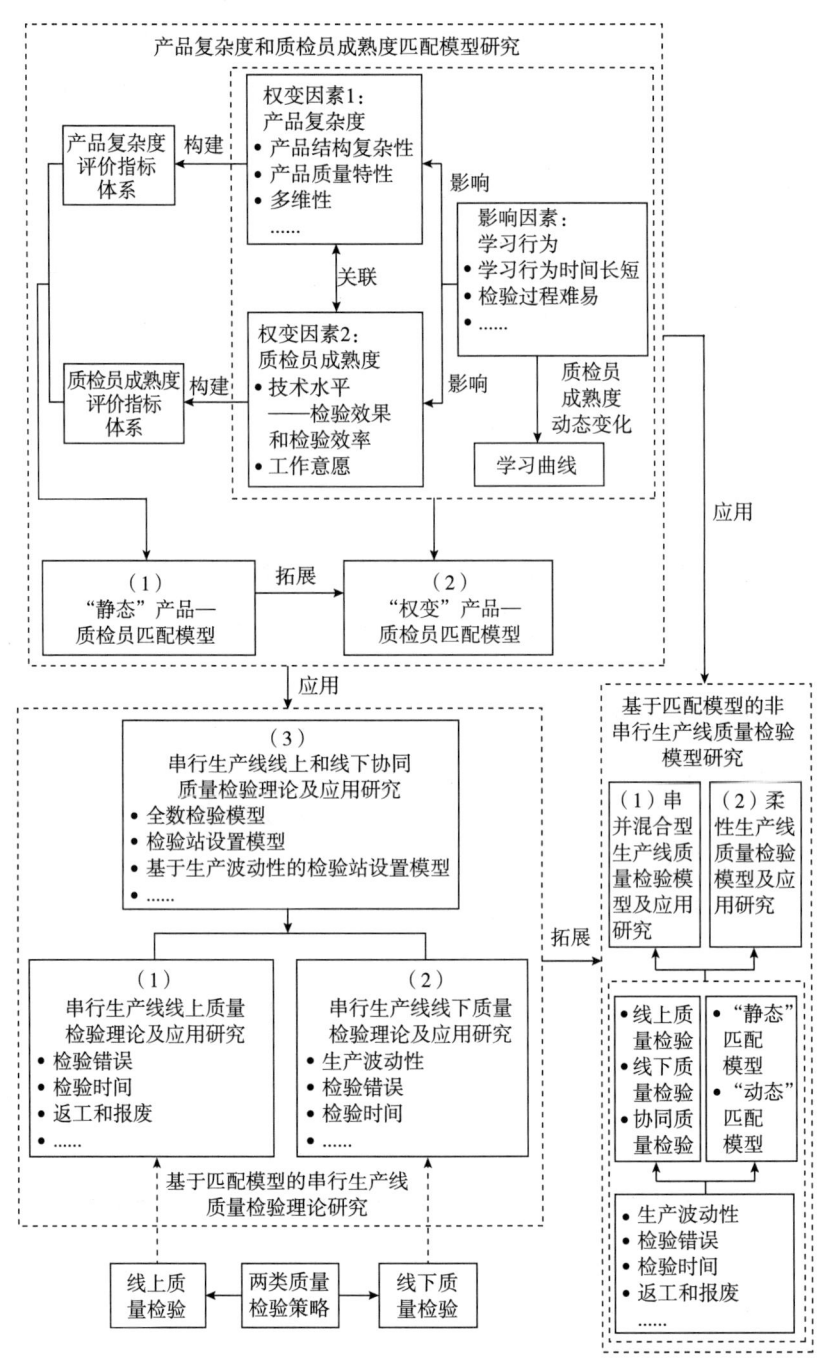

图 6.2 研究内容和方案

用，为生产线质量检验理论的实际应用提供策略。

（6）针对多背景、多类型、多环境等要素分别建立新的非串行生产线质量检验模型，给出数学表达式，并进行重要参数的灵敏度分析。

（7）产品—质检员匹配模型在非串行生产线质量检验模型中的应用，为生产线质量检验理论的实际应用提供策略。

（五）拟解决的科学问题

（1）产品复杂度、质检员成熟度评价指标体系的构建和学习曲线的绘制。在一般情形下，如何在理论上制定符合实际情况的产品复杂度和质检员成熟度指标；在产品—质检员的匹配状态下，基于质检员的学习行为给出学习曲线。

（2）制定合理的质检员薪酬体系。如何在满足质检员工作意愿（符合其成熟度水平）的前提下，以最小的报酬获得最优的出厂质量和检验成本。

（3）串行生产线质量检验建模的包容性问题，即如何把众多影响检验效果和效率的因素，有重点地、有目的地融入待构建的质量检验模型中。

（4）串行生产线线上和线下质量检验理论的一般化问题，即如何将基于实践构建的质量检验模型，通过归纳总结，由特殊到一般，形成一般理论。从而实现在该理论的指导下，用已有的规律解决新的问题。

（5）串并混合型生产线质量检验建模的包容性和一般性问题，即如何把众多影响检验效果和效率的因素，有重点地、有目的地融入待构建的质量检验模型中，并使提出的模型普遍适用于不同结构的串并混合型生产线。

（6）柔性生产线质量检验建模的协同性问题，即如何将柔性生产线的高弹性（平衡与排产）与质量检验的经济性有机结合在一起。

（六）特色与创新点

本书的特色在于：针对质量检验的不同产品复杂度（质量特性、检验要求等）、质检员要素（成熟度和学习行为）、操作方式

（线上质量检验、线下质量检验和协同质量检验）、运行环境（串行生产线、串并混合型生产线和柔性生产线），多角度解决生产线质量检验的效率和效益问题，重点研究质量检验模型、策略和理论，追求研究成果的普适性、领先性和实用性，实质性地解决国内外前沿质量检验建模和优化难题。

本书预计的主要创新点归纳为以下四个方面：

（1）建立新的串行生产线线上、线下和协同质量检验模型，并归纳和总结生产线质量检验的一般理论。针对检验成本、检验时间、检验错误和生产线波动性等要素，构建串行生产线质量检验模型，研究其求解方法和算法以获得最优解或近似解，对关键参数进行灵敏度分析，提供复杂环境条件下质量检验的有效策略和方法。

（2）将质量检验的研究对象从串行生产线拓展到非串行生产线。传统的质量检验模型大多针对串行生产线，面对日趋多样化、个性化和复杂化的产品，提出新的质量检验建模方法，解决非串行生产线条件下的质量检验模型的准确表达和计算难的问题。

（3）构建产品复杂度和质检员成熟度评价指标体系。产品根据检验规范的多少和难易程度可划分为不同复杂度，质检员技术水平由其检验效率和检验效果决定，而质检员成熟度则由其技术水平的高低和工作意愿的大小共同决定。高效的质量检验策略必须科学界定产品复杂度和质检员成熟度。

（4）绘制质检员学习曲线，提出"静态"和"权变"产品—质检员匹配模型，并进行应用研究。传统的质量检验模型很少考虑检验员的行为对检验效率和效益的影响，本项目强调从质检员的学习行为和相互关系（影响工作意愿）等方面研究其对质量检验策略的影响，并结合产品复杂度构建产品—质检员匹配状态模型，给出不同检验负荷下的最优"静态"和"权变"质检策略，以期为运营管理和人力资源管理提供定量模型支持。

此外，本书对质量管理学、组织行为学、运营管理、薪酬管理和管理心理学等学科内容进行有机结合，提高了研究成果的普适

第六章 生产线质量检验研究结论及前景概述

性、领先性和实用性。

（七）技术路线

本书遵循"产品—质检员匹配模型—串行生产线质量检验理论—非串行生产线质量检验理论"的思路展开，具体研究技术路线如图6.3所示。

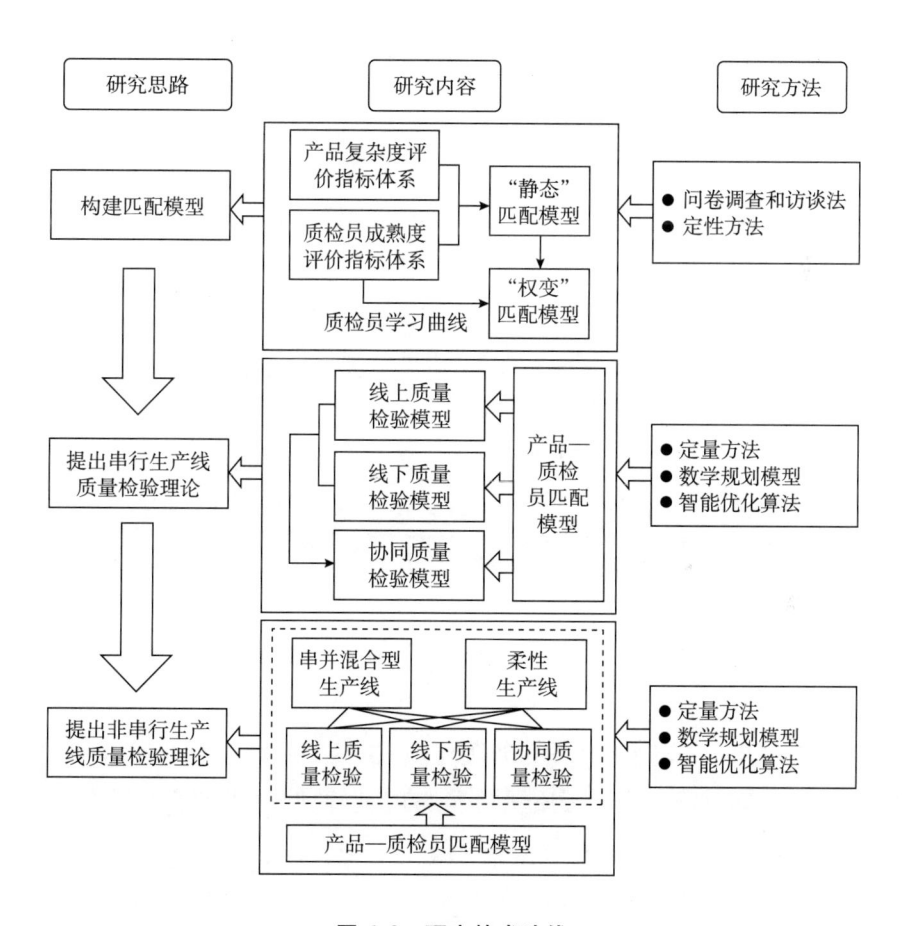

图 6.3 研究技术路线

参考文献

一 中文文献

1. 图书

陈岩等：《质量管理学》，清华大学出版社2018年版。

崔利荣等：《质量管理学》，中国人民大学出版社2012年版。

戴克商等：《质量工程技术方法》，清华大学出版社2007年版。

韩福荣：《现代质量管理学》，机械工业出版社2020年版。

何桢：《六西格玛管理》，中国人民大学出版社2014年版。

具宗万：《算法问题实战策略》，人民邮电出版社2015年版。

梁工谦：《质量管理学》，中国人民大学出版社2020年版。

梁国明：《制造业质量检验员手册》，机械工业出版社2013年版。

吕国英、任瑞征：《算法设计及应用》，清华大学出版社2008年版。

马义中、汪建均：《质量管理学》，机械工业出版社2019年版。

王亚盛、吴希杰：《质量检验与质量管理》，天津大学出版社2011年版。

温德成、李韶南：《质量管理学》，中国计量出版社2009年版。

严莉莉：《质量检验与品质管理》，电子工业出版社2020年版。

杨鑫、刘文长：《质量控制过程中的统计技术》，化学工业出版社2014年版。

张根保等：《质量管理与可靠性》，中国科学技术出版社2006年版。

张威等：《算法设计与分析》，中国石化出版社2015年版。

2. 期刊论文

曹九英：《浅谈生产过程如何加强质量管理》，《内燃机与配件》2020年第11期。

董兰娟等：《大规模定制多元质量控制概述》，《现代制造工程》2013年第12期。

关晓光：《工序质量检测站设置的经济分析》，《管理现代化》1993年第4期。

郭昊坤：《如何加强产品质量检验》，《中外企业家》2020年第18期。

何新容：《产品质量不合格、产品缺陷、产品瑕疵之法律辨析》，《当代法学》2003年第1期。

黄培东：《产品缺陷与质量不合格辨析——兼谈缺陷产品质量安全长效监管机制建设》，《中国质量技术监督》2015年第9期。

黄幼斌：《假设检验方法在产品质量检验判定中的初步应用》，《大众标准化》2009年第1期。

江军：《考虑工序质量的最佳生产批量》，《华东工学院学报》1989年第1期。

李胜利、周军：《产品缺陷产品瑕疵产品质量不合格析辨》，《北方经贸》2001年第1期。

刘长庚、周兆英：《串行生产系统中质量控制问题的最优化》，《清华大学学报》（自然科学版）2000年第5期。

刘晓桦、周雨曦：《制造业如何实现定制化生产?》，《经济》2017年第17期。

牛青等：《基于二分法的多因素工序质量诊断算法》，《机械工程学报》2014年第2期。

秦达、周彬：《衬衫生产RTY的研究》，《山东纺织经济》2010年第7期。

宋永涛等：《权变视角下的质量管理研究前沿探析》，《外国经济与管理》2010年第9期。

苏秦等：《中国企业质量管理成熟度研究》，《科学学与科学技术管理》2010年第9期。

唐启光、孙加锋：《产品缺陷、产品瑕疵与产品不合格法律辨析》，《政治与法律》2001年第1期。

王刊良、徐寅峰：《有害危险品运输网络中的检查站选址问题》，《管理工程学报》1999年第12期。

肖强、潘志成：《论产品缺陷与不合格之关系》，《贵州大学学报》（社会科学版）2002年第1期。

肖曾飞：《质量检验在军工产品质量管理中的重要性探讨》，《计算机产品与流通》2019年第7期。

谢开贵等：《基于二分法的高压直流输电系统可靠性最优分解》，《电工技术学报》2010年第5期。

许慧一：《基于对分搜索法光伏发电系统MPPT跟踪》，《电力科学与工程》2015年第4期。

许静等：《面向大批量定制的质量控制研究与实现》，《浙江大学学报》（工学版）2009年第12期。

杨俊等：《面向定制化需求的过程质量控制系统应用研究》，《时代汽车》2019年第14期。

银路等：《多工序质量检验点设置的经济分析》，《电子科技大学学报》1992年第1期。

张敏等：《物联网背景下定制产品服务质量测评研究》，《信息与管理研究》2019年第4期。

赵方方、何桢：《大规模定制企业质量管理系统体系研究》，《现代管理科学》2009年第9期。

赵小松等：《考虑疲劳和工作负荷的人工拣选货品排程研究》，《系统工程学报》2015年第5期。

赵艳：《浅谈定制型产品的质量控制》，《科技创新与应用》2015年第3期。

周欣、霍佳震:《基于供应链的企业质量检验过程经济分析》,《上海管理科学》2007年第3期。

3. 学位论文

畅志辉:《SH公司定制生产质量管控模式研究》,硕士学位论文,西北农林科技大学,2016年。

陈振鹭:《生产线线上和线下质量检验的优化设置及策略研究》,博士学位论文,北京理工大学,2017年。

黄英:《基于定制平台的产品个性化需求筛选与定制流程研究》,硕士学位论文,湖南工业大学,2019年。

李斌:《面向定制的磨削设备制造企业质量管理模式研究》,硕士学位论文,重庆大学,2014年。

秦鸣鹤:《生产辅助人员作业疲劳与工作排程研究》,硕士学位论文,中国矿业大学,2018年。

芮晓飞:《X公司客户定制扶梯工程设计质量管理研究》,硕士学位论文,苏州大学,2014年。

余威:《QG大规模定制生产硅钢的质量控制研究》,硕士学位论文,东北大学,2014年。

翟晓伟:《3M公司大规模定制模式下组装流水线精益管理策略研究》,硕士学位论文,上海交通大学,2013年。

张文博:《A公司产品质量检验过程优化及系统设计研究》,硕士学位论文,上海交通大学,2017年。

郑再思:《考虑工人负荷的流水车间多目标优化调度问题研究》,硕士学位论文,吉林大学,2019年。

周阳峰:《板式定制家具企业制造过程质量管理研究》,硕士学位论文,中南林业科技大学,2018年。

二 英文文献

1. 期刊论文

Anily Shoshana and Abraham Grosfeld-Nir, "An Optimal Lot-Sizing and Offline Inspection Policy in the Case of Nonrigid Demand", *Opera-*

tions Research, Vol. 54, No. 2, 2006.

Avinadav Tal and David Sarne, "Sequencing Counts: A Combined Approach for Sequencing and Selecting Costly Unreliable Off-Line Inspections", *Computers and Operations Research*, Vol. 39, No. 11, 2012.

Avinadav Tal and Yael Perlman, "Economic Design of Offline Inspections for a Batch Production Process", *International Journal of Production Research*, Vol. 51, No. 11, 2013.

Azadeh A., et al., "Unique NSGA-II and MOPSO Algorithms for Improved Dynamic Cellular Manufacturing Systems Considering Human Factors", Applied Mathematical Modelling, Vol. 48, No. 8, 2017.

Babar Muhammad Ramzan, et al., "Effect of Time-Varying Factors on Optimal Combination of Quality Inspectors for Offline Inspection Station", *Mathematics*, Vol. 7, No. 1, 2019.

Barad Miryam, "A Break-Even Quality Level Approach to Location of Inspection Stations in a Multi-Stage Production Process", *International Journal of Production Research*, Vol. 28, No. 1, 1990.

Barlow Richard E., et al., "Optimum Checking Procedures", *Journal of the Society for Industrial and Applied Mathematics*, Vol. 11, No. 4, 1963.

Ben-Daya M., et al., "Integrated Inventory Control and Inspection Policies with Deterministic Demand", *Computers and Operations Research*, Vol. 33, No. 6, 2006.

Bendavid Illana and Yale T. Herer, "Economic Optimization of Off-Line Inspection in a Process that also Produces Non-Conforming Units When in Control and Conforming Units When Out of Control", *European Journal of Operational Research*, Vol. 195, No. 1, 2008.

Bennett G. Kemble, et al., "The Economic Effects of Inspector Error on Attribute Sampling Plans", *Naval Research Logistics Quarterly*, Vol. 21, No. 3, 1974.

参考文献

Bettayeb B. and S. J. Bassetto, "Impact of Type-II Inspection Errors on a Risk Exposure Control Approach Based Quality Inspection Plan", *Journal of Manufacturing Systems*, No. 40, 2016.

Braglia N. and L. Zavanella, "Optimal Sampling Techniques in Off-Line Quality Control", *Production Planning & Control*, Vol. 5, No. 1, 1994.

Chakravorty Satya S. and Douglas N. Hales, "Sustainability of Process Improvements: An Application of the Experiential Learning Model (ELM)", *International Journal of Production Research*, Vol. 55, No. 17, 2017.

Chen Jinfa, et al., "Quality Control for Products Supplied with Warranty", *Operations Research*, Vol. 46, No. 1, 1998.

Chen Yang, et al., "Towards Product Customization and Personalization in IoT - Enabled Cloud Manufacturing", *Cluster Computing*, Vol. 20, No. 2, 2017.

Chen Zhenlu, et al., "An Economic Off-Line Quality Control Approach for Unstable Production Processes", *Quality Engineering*, Vol. 29, No. 4, 2017.

Chun Young H., "Economic Optimization of Off-Line Inspection Procedures with Inspection Errors", *The Journal of the Operational Research Society*, Vol. 59, No. 6, 2008.

Chun Young H., "Improved Method of Estimating the Product Quality after Multiple Inspections", *International Journal of Production Research*, Vol. 54, No. 19, 2015.

Chung Tae Kim, et al., "Design of a Two - Stage Procedure for Three - Class Screening", *European Journal of Operational Research*, Vol. 79, No. 3, 1994.

Cochran J. K. and R. Erol, "Performance Modelling of Serial Production Lines with Inspection/Repair Stations", *International Journal of*

Production Research, Vol. 39, No. 8, 2001.

Colledani Marcello and Tullio Tolio, "Performance Evaluation of Production Systems Monitored by Statistical Process Control and Off-Line Inspections", International Journal of Production Economics, Vol. 120, No. 2, 2007.

Collins Rufus D., et al., "The Effects of Inspection Error on Single Sampling Inspection Plans", International Journal of Production Research, Vol. 11, No. 3, 1973.

Cui Lirong, et al., "Reliability for Systems with Self-Healing Effect under Shock Models", Quality Technology & Quantitative Management, Vol. 15, No. 5, 2018.

Deliman N. C. and R. M. Feldman, "Optimization of Process Improvement and Inspection Location for Serial Manufacturing", International Journal of Production Research, Vol. 34, No. 2, 1996.

Deming William Edwards, "Out of the Crisis: Quality, Productivity and Competitive Position", General Information, Vol. 38, No. 7, 1986.

Ding Jie, et al., "Repetitive Testing Strategies When the Testing Process is Imperfect", Management Science, Vol. 44, No. 10, 1998.

Dorris Alan L. and Foote Bobbie L., "Inspection Errors and Statistical Quality Control: A Survey", AIIE Transactions, Vol. 10, No. 2, 1978.

Duffuaa Saleh and A. Gaaly, "A Multi-Objective Optimization Model for Process Targeting with Inspection Errors Using 100% Inspection", The International Journal of Advanced Manufacturing Technology, Vol. 88, No. 9-12, 2017.

Duffuaa Saleh and I. A. Nadeem, "A Complete Inspection Plan for Dependent Multicharacteristic Critical Components", International Journal of Production Research, Vol. 32, No. 8, 1994.

Duffuaa Saleh and Mehmood Khan, "A General Repeat Inspection

Plan for Dependent Multicharacteristic Critical Components", *European Journal of Operational Research*, Vol. 191, No. 2, 2007.

Duffuaa Saleh and Mehmood Khan, "Impact of Inspection Errors on the Performance Measures of a General Repeat Inspection Plan", *International Journal of Production Research*, Vol. 43, No. 23, 2005.

Duffuaa Saleh, "Impact of Inspection Errors on Performance Measures of a Complete Repeat Inspection Plan", *International Journal of Production Research*, Vol. 34, No. 7, 1996.

Elshafei Moustafa, et al., "Repeat Inspection Planning Using Dynamic Programming", *International Journal of Production Research*, Vol. 44, No. 2, 2006.

Emmons Hamilton and Gad Rabinowitz, "Inspection Allocation for Multistage Deteriorating Production Systems", *IIE Transactions*, Vol. 34, No. 12, 2000.

Eppen Gary D. and E. Gerald Hurst, "Optimal Location of Inspection Stations in a Multistage Production Process", *Management Science*, Vol. 20, No. 8, 1974.

Ercan Sedat Sami, et al., "Cost Minimizing Single Sampling Plans with AIQL and AOQL Constraints", *Management Science*, Vol. 20, No. 7, 1974.

Finkelshtein Alexander, et al., "Economic Optimization of Off-Line Inspection in a Process Subject to Failure and Recovery", *IIE Transactions*, Vol. 37, No. 11, 2005.

Franceschini F. and M. Galetto, "Asymptotic Defectiveness of Manufacturing Plants: An Estimate Based on Process Learning Curves", *International Journal of Production Research*, Vol. 40, No. 3, 2002.

Gershwin Stanley B., "How do Quantity and Quality Really Interact? Precise Models Instead of Strong Opinions", *Information Control Problems in Manufacturing*, Vol. 12, No. 1, 2006.

Graves Spencer, "Six Sigma Rolled Throughput Yield", *Quality Engineering*, Vol. 14, No. 2, 2002.

Grosfeld-Nir Abraham, et al., "Production to Order and Off-Line Inspection When the Production Process is Partially Observable", *Naval Research Logistics*, Vol. 54, No. 8, 2007.

Gupta Tarun and Subrata Chakraborty, "Looping in a Multistage Production System", *International Journal of Production Research*, Vol. 22, No. 2, 1984.

Hassin Refael, "A Dichotomous Search for a Geometric Random Variable", *Operations Research*, Vol. 32, No. 2, 1984.

He Qiming, et al., "Optimal Inspection Order when Process' Failure Rate is Constant", *International Journal of Reliability, Quality and Safety Engineering*, Vol. 3, No. 1, 1996.

Herer Yale T. and Tzvi Raz, "Further Results in the Optimal Policy for Imperfect Inspection in Discrete Time", *Production Planning & Control*, Vol. 8, No. 4, 1997.

Herer Yale T. and Tzvi Raz, "Optimal Parallel Inspection for Finding the First Nonconforming Unit in a Batch—An Information Theoretic Approach", *Management Science*, Vol. 46, No. 6, 2000.

Hong Sung Hoon, et al., "Economic Design of Screening Procedures When the Rejected Items are Reprocessed", *European Journal of Operational Research*, Vol. 108, No. 1, 1998.

Hong Sung Hoon, "Economic Complete Inspection Plans with Multi-Decision Alternatives", *International Journal of Production Research*, Vol. 36, No. 12, 1998.

Hossain Md. Shahriar Jahan and Bhaba R. Sarker, "Optimal Locations of On-Line and Off-Line Rework Stations in a Serial Production System", *International Journal of Production Research*, Vol. 54, No. 12, 2016.

Hsu John I. S., "A Hybrid Inspection System for the Multistage Production Process", *International Journal of Production Research*, Vol. 22, No. 1, 1984.

Hsu Lie-Fern and Charles S. Tapiero, "Inspection of an Unreliable Flexible Manufacturing System: With Repairable Parts and Non–Negligible Inspection Times", *Production Planning & Control*, Vol. 5, No. 4, 1994.

Hu Fei and Qun Zong, "Optimal Production Run Time for a Deteriorating Production System under an Extended Inspection Policy", *European Journal of Operational Research*, Vol. 196, No. 3, 2009.

Hui Yer Van, "Economic Design of a Complete Inspection Plan for Bivariate Products", *International Journal of Production Research*, Vol. 28, No. 2, 1990.

Hurst E. Gerald, "Imperfect Inspection in a Multistage Production Process", *Management Science*, Vol. 20, No. 3, 1973.

Hwang Juhwen and Medini R. Singh, "Optimal Production Policies for Multi–Stage Systems with Setup Costs and Uncertain Capacities", *Management Science*, Vol. 44, No. 9, 1998.

Inman Robert R., et al., "Survey of Recent Advances on the Interface Between Production System Design and Quality", *IIE Transactions*, Vol. 45, No. 6, 2013.

Jaber Mohamad Y. and Alfred L. Guiffrida, "Learning Curves for Imperfect Production Processes with Reworks and Process Restoration Interruptions", *European Journal of Operational Research*, Vol. 189, No. 1, 2008.

Jaber Mohamad Y. and Mehmood Khan, "Managing Yield by Lot Splitting in a Serial Production Line with Learning, Rework and Scrap", *International Journal of Production Economics*, Vol. 124, No. 1, 2010.

Jamal A. M. M., et al., "Optimal Manufacturing Batch Size with

Rework Process at a Single-Stage Production System", *Computers & Industrial Engineering*, Vol. 47, No. 1, 2004.

Jamkhaneh Ezzatallah Baloui, et al., "Inspection Error and Its Effects on Single Sampling Plans with Fuzzy Parameters", *Structural and Multidisciplinary Optimization*, Vol. 43, No. 4, 2011.

Kang Chang Wook, et al., "Effect of Inspection Performance in Smart Manufacturing System Based on Human Quality Control System", *The International Journal of Advanced Manufacturing Technology*, Vol. 94, No. 9-12, 2018.

Kang Chang Wook, et al., "Optimum Ordering Policy for an Imperfect Single-Stage Manufacturing System with Safety Stock and Planned Backorder", *The International Journal of Advanced Manufacturing Technology*, Vol. 95, No. 1-4, 2018.

Kang Kyong-Sik, et al., "The Optimal Location of Inspection Stations Using a Rule-Based Methodology", *Computers & Industrial Engineering*, Vol. 19, No. 1-4, 1990.

Kelada Joseph N., "Total Quality: A Framework for New Management Practices", *Annual Quality Congress Proceedings-Amerian Society for Quality Conreol*, No. 51, 1997.

Kelly E. J., et al., "Optimal Inspection of a Finite Population", *Quality Engineering*, Vol. 29, No. 2, 2017.

Khan M., et al., "Economic Order Quantity Model for Items with Imperfect Quality with Learning in Inspection", *International Journal of Production Economics*, Vol. 124, No. 1, 2010.

Kim Taebok and Christoph H. Glock, "Production Planning for a Two-Stage Production System with Multiple Parallel Machines and Variable Production Rates", *International Journal of Production Economics*, Vol. 196, No. 2, 2018.

Kong Xianda, et al., "Optimal Worker Assignment with Two Special

Workers in a Limited-Cycle Model with Multiple Periods", *Asian Journal of Management Science and Applications*, Vol. 1, No. 1, 2013.

Koons George F., and Jeffery J. Luner, "SPC in Low-Volume Manufacturing: A Case Study", *Journal of Quality Technology*, Vol. 23, No. 4, 1991.

Koulamas C., "Quality Improvement through Product Redesign and the Learning Curve", *Omega*, Vol. 20, No. 2, 1992.

Kristal Mehmet Murat, et al., "The Effect of Quality Management on Mass Customization Capability", *International Journal of Operations & Production Management*, Vol. 30, No. 9, 2010.

Kuo Yong-Hong and Andrew Kusiak, "From Data to Big Data in Production Research: The Past and Future Trends", *International Journal of Production Research*, Vol. 57, No. 15-16, 2019.

Lee Hau L. and Candace Arai Yano, "Production Control in Multistage Systems with Variable Yield Losses", *Operations Research*, Vol. 36, No. 2, 1988.

Lee Hau L., "On the Optimality of a Simplified Multicharacteristic Component Inspection Model", *IIE Transactions*, Vol. 20, No. 4, 1988.

Lee J. and S. Unnikrishnan, "Planning Quality Inspection Operations in Multistage Manufacturing Systems with Inspection Errors", *International Journal of Production Research*, Vol. 36, No. 1, 1998.

Lindsay Glenn F. and Albert B. Bishop, "Allocation of Screening Inspection Effort—A Dynamic-Programming Approach", *Management Science*, Vol. 10, No. 2, 1964.

Liou Ming-Jong, et al., "Optimal Sequence of Partial Inspections Subject to Errors", *International Journal of Production Economics*, No. 33, 1994.

Lorenzen Thomas J., "Minimum Cost Sampling Plans Using Bayesian Methods", *Naval Research Logistics Quarterly*, Vol. 32, No. 1, 1985.

Luss Hanan and Zvi Kander, "Inspection Policies When Duration of Checkings is Non-Negligible", *Journal of the Operational Research Society*, Vol. 25, No. 2, 1974.

Maaroufi Ghofrane, et al., "A Nearly Optimal Inspection Policy for a Two-Component Series System", *Journal of Quality in Maintenance Engineering*, Vol. 21, No. 2, 2015.

Maghsoodloo Saeed, "Inspection Error Effects on Performance Measures of a Multistage Sampling Plan", *IIE Transactions*, Vol. 19, No. 3, 1987.

McMullen Patrick R., "A Genetic Algorithm for Multiple Inspections with Multiple Objectives", *American Journal of Operations Research*, Vol. 3, No. 6, 2013.

Meerkov Semyon M. and Liang Zhang, "Product Quality Inspection in Bernoulli Lines: Analysis, Bottlenecks and Design", *International Journal of Production Research*, Vol. 48, No. 16, 2010.

Mohammadi Mehrdad, et al., "Mathematical Modelling of a Robust Inspection Process Plan: Taguchi and Monte Carlo Methods", *International Journal of Production Research*, Vol. 53, No. 7, 2015.

Mohammadi Mehrdad, et al., "A Bi-Objective Robust Inspection Planning Model in a Multi-Stage Serial Production System", *International Journal of Production Research*, Vol. 56, No. 4, 2018.

Mosheiov G., "Parallel Machine Scheduling with a Learning Effect", *Journal of the Operational Research Society*, Vol. 52, No. 10, 2001.

Munford A. G. and Shahani A. K., "A Nearly Optimal Inspection Policy", *Journal of the Operational Research Society*, Vol. 23, No. 3, 1972.

Narahari Y. and L. M. Khan, "Modeling Reentrant Manufacturing Systems with Inspection Stations", *Journal of Manufacturing Systems*,

Vol. 15, No. 16, 1996.

Ng Wing Cheong and Yer Van Hui, "Economic Design of a Complete Inspection Plan with Interactive Quality Improvement", *European Journal of Operational Research*, Vol. 96, No. 1, 1997.

Penn Michal and Tal Raviv, "Optimizing the Quality Control Station Configuration", *Naval Research Logistics*, Vol. 54, No. 3, 2007.

Porteus Evan L., "Optimal Lot Sizing, Process Quality Improvement and Setup Cost Reduction", *Operations Research*, Vol. 34, No. 1, 1986.

Porteus Evan L., "The Impact of Inspection Delay on Process and Inspection Lot Sizing", *Management Science*, Vol. 36, No. 8, 1990.

Pruzan Peter Mark and J. T. Ross Jackson, "A Dynamic Programming Application in Production Line Inspection", *Technometrics*, Vol. 9, No. 1, 1967.

Rakiman Umol Syamsyul Bin and Abdul Talib Bon, "Production Line: Effect of Different Inspection Station Allocation", *Procedia Engineering*, No. 53, 2013.

Ramzan Muhammad Babar and Kang Chang Wook, "Minimization of Inspection Cost by Determining the Optimal Number of Quality Inspectors in the Garment Industry", *Indian Journal of Fibre & Textile Research*, No. 41, 2016.

Raouf A., et al., "A Cost-Minimization Model for Multicharacteristic Component Inspection", *IIE Transactions*, Vol. 15, No. 3, 1983.

Raviv Tal, "An Efficient Algorithm for Maximizing the Expected Profit from a Serial Production Line with Inspection Stations and Rework", *OR Spectrum*, Vol. 35, No. 3, 2013.

Raz Tzvi and Bricker Dennis, "Sequencing of Inspection Operations Subject to Errors", *European Journal of Operational Research*, Vol. 68, No. 2, 1993.

Raz Tzvi, et al., "Economic Optimization of Off-line Inspection",

IIE Transactions, Vol. 32, No. 3, 2000.

Rebello Ranjit Thomas, et al., "Specialized Inspection Problems in Serial Production Systems", *European Journal of Operational Research*, Vol. 80, No. 2, 1995.

Rezaei-Malek Mohammad, et al., "A Trade-Off between Productivity and Cost for the Integrated Part Quality Inspection and Preventive Maintenance Planning under Uncertainty", *International Journal of Production Research*, Vol. 57, No. 19, 2019.

Rezaei-Malek Mohammad, et al., "A Review on Optimisation of Part Quality Inspection Planning in a Multi-Stage Manufacturing System", *International Journal of Production Research*, Vol. 57, No. 15-16, 2019.

Saghaei Abbas, et al., "Enhanced Rolled Throughput Yield: A New Six Sigma-Based Performance Measure", *International Journal of Production Economics*, Vol. 140, No. 1, 2012.

Saghaei Abbas, et al., "Mathematical Modelling to Improve Rolled Throughput Yield in a Supply Chain", *Production Planning & Control*, Vol. 25, No. 5, 2014.

Sarkar Biswajit and Sharmila Saren, "Product Inspection Policy for an Imperfect Production System with Inspection Errors and Warranty Cost", *European Journal of Operational Research*, Vol. 248, No. 1, 2016.

Sarkar Biswajit, et al., "Manufacturing Setup Cost Reduction and Quality Improvement for the Distribution Free Continuous-Review Inventory Model with a Service Level Constraint", *Journal of Manufacturing Systems*, No. 34, 2015.

Sarkar Sumon, et al., "Optimal Production Run Time and Inspection Errors in an Imperfect Production System with Warranty", *Journal of Industrial and Management Optimization*, Vol. 13, No. 2, 2017.

Sarker Bhaba R., et al., "Optimal Batch Sizing in a Multi-Stage

Production System with Rework Consideration", *European Journal of Operational Research*, Vol. 184, No. 3, 2008.

Schiffauerova Andrea and Vince Thomson, "A Review of Research on Cost of Quality Models and Best Practices", *International Journal of Quality & Reliability Management*, Vol. 23, No. 6, 2006.

Shacham Danny, "Manufacturers Make Quality Gains Through In-Process Inspection Systems", *Manufacturing Engineering*, Vol. 148, No. 4, 2012.

Shetwan Ali G., et al., "Allocation of Quality Control Stations in Multistage Manufacturing Systems", *Computers & Industrial Engineering*, Vol. 60, No. 4, 2011.

Sheu S. H., et al., "Economic Optimization of Off-Line Inspection with Inspection Errors", *Journal of the Operational Research Society*, Vol. 54, No. 8, 2003.

Shiau Yau-Ren, et al., "Concurrent Process/Inspection Planning for a Customized Manufacturing System Based on Genetic Algorithm", *The International Journal of Advanced Manufacturing Technology*, Vol. 33, No. 7-8, 2007.

Shiau Yau-Ren, "Inspection Allocation Planning for a Multiple Quality Characteristic Advanced Manufacturing System", *The International Journal of Advanced Manufacturing Technology*, Vol. 21, No. 7, 2003.

Shiau Yau-Ren, "Inspection Resource Assignment in a Multistage Manufacturing System with an Inspection Error Model", *International Journal of Production Research*, Vol. 40, No. 8, 2002.

Shiau Yau-Ren, "Quick Decision-Making Support for Inspection Allocation Planning with Rapidly Changing Customer Requirements", *The International Journal of Advanced Manufacturing Technology*, Vol. 22, No. 9-10, 2003.

Shin Wan S., et al., "Strategic Allocation of Inspection Stations for a Flow Assembly Line: A Hybrid Procedure", *IIE Transactions*, Vol. 27, No. 6, 1995.

Stern Helman I. and Shaul P. Ladany, "Optimal Number and Allocation of Controls among Serial Production Stages", *The International Journal of Advanced Manufacturing Technology*, Vol. 9, No. 6, 1994.

Suresh Nallan C. and Jack R. Meredith, "Quality Assurance Information Systems for Factory Automation", *International Journal of Production Research*, Vol. 23, No. 3, 1985.

Sylla Cheickna and Colin G. Drury, "Signal Detection for Human Error Correction in Quality Control", *Computers in Industry*, Vol. 26, No. 2, 1995.

Taleizadeh Ata Allah, et al., "Production Models of Multiple Pproducts Using a Single Machine under Quality Screening and Reworking Policies", *Journal of Modelling in Management*, Vol. 14, No. 1, 2019.

Tang Kwet and Helmut Schneider, "The Effects of Inspection Error on a Complete Inspection Plan", *IIE Transactions*, Vol. 19, No. 4, 1987.

Tang Kwet and Jen Tang, "Design of Screening Procedures: A Review", *Journal of Quality Technology*, Vol. 26, No. 3, 1994.

Tang Kwet, "Design of Product Grading Procedures", *Decision Sciences*, Vol. 21, No. 2, 1990.

Tang Kwet, "Economic Design of Product Specifications for a Complete Inspection Plan", *International Journal of Production Research*, Vol. 26, No. 2, 1988.

Tannock James D. T., "Choice of Inspection Strategy Using Quality Simulation", *International Journal of Quality & Reliability Management*, Vol. 12, No. 5, 1995.

Teng Jinn-Tsair and Gerald L. Thompson, "Optimal Strategies for General Price-Quality Decision Models of New Products with Learning

Production Costs", *European Journal of Operational Research*, Vol. 93, No. 3, 1996.

Tirkel Israel and Gad Rabinowitz, "Modeling Cost Benefit Analysis of Inspection in a Production Line", *International Journal of Production Economics*, No. 147, 2014.

Tirkel Israel and Gad Rabinowitz, "The Relationship between Yield and Flow Time in a Production System under Inspection", *International Journal of Production Research*, Vol. 50, No. 14, 2012.

Tirkel Israel, et al., "Wafer Fabrication Yield Learning and Cost Analysis Based on In-Line Inspection", *International Journal of Production Research*, Vol. 54, No. 12, 2016.

Tsai W. C. and Chih-Hsiung Wang, "Economic Optimization for an Off-Line Inspection, Disposition and Rework Model", *Computers & Industrial Engineering*, Vol. 61, No. 3, 2011.

Tuominen Valtteri, "Cost Modeling of Inspection Strategies in Automotive Quality Control", *Engineering Management Research*, Vol. 1, No. 2, 2012.

Tzimerman Avinoam and Yale T. Herer, "Off-Line Inspections under Inspection Errors", *IIE Transactions*, Vol. 41, No. 7, 2009.

Ullah Misbah and Chang W. Kang, "Effect of Rework, Rejects and Inspection on Lot Size with Work-In-Process Inventory", *International Journal of Production Research*, Vol. 52, No. 8, 2014.

Vander Wiel Scott A. and Stephen B. Vardeman, "A Discussion of All-or-None Inspection Policies", *Technometrics*, Vol. 36, No. 1, 1994.

Wang Chih Hsiung and Fan Chin Meng, "Optimal Lot Size and Off-line Inspection Policy", *Computers and Mathematics with Applications*, Vol. 58, No. 10, 2009.

Wang Chih Hsiung and Hsiao Ping Chuang, "Integrated On-Line and Off-Line Quality Control for Products with Destructive Testing",

Journal of Information & Optimization Sciences, Vol. 32, No. 2, 2011.

Wang Chih Hsiung, "Economic Off-Line Quality Control Strategy with Two Types of Inspection Errors", *European Journal of Operational Research*, Vol. 179, No. 1, 2007.

Wang Chin Hsiung and Hung Chen Chien, "An Offline Inspection and Disposition Model Incorporating Discrete Weibull Distribution and Manufacturing Variation", *Journal of the Operations Research Society of Japan*, Vol. 51, No. 2, 2008.

Wang Wen Ying, et al., "Economic Optimization of Off-Line Inspection with Rework Consideration", *European Journal of Operational Research*, Vol. 194, No. 3, 2009.

Wee Hui Ming and Gede Agus Widyadana, "Economic Production Quantity Models for Deteriorating Items with Rework and Stochastic Preventive Maintenance Time", *International Journal of Production Research*, Vol. 50, No. 11, 2012.

Wee Hui Ming, et al., "A Production Quantity Model for Imperfect Quality Items with Shortage and Screening Constraint", *International Journal of Production Research*, Vol. 51, No. 6, 2013.

Wein Anne Spence, "Random Yield, Rework and Scrap in a Multistage Batch Manufacturing Environment", *Operations Research*, Vol. 40, No. 3, 1992.

Yang Moon Hee and Jae Hyung Cho, "Minimisation of Inspection and Rework Cost in a BLU Factory Considering Imperfect Inspection", *International Journal of Production Research*, Vol. 52, No. 2, 2014.

Zantek Paul F., et al., "Process and Product Improvement in Manufacturing Systems with Correlated Stages", *Management Science*, Vol. 48, No. 5, 2002.

Zhang Zhaomin, et al., "Two-dimensional Warranty Period Optimization Considering the Trade-Off Between Warranty Cost and Boosted Demand", *Computers & Industrial Engineering*, Vol. 130, No. 4, 2019.

Zhao Fei, et al., "Joint Optimization of Inspection and Spare Ordering Policy with Multi-Level Defect Information", *Computers & Industrial Engineering*, Vol. 139, No. C, 2020.

2. 学位论文

Davis A. S., "The Sensitivity of Sampling Inspection to Inspector Error", Texas Tech University, 1966.

Hossain Md. Shahriar Jahan, "Optimal Configuration of Inspection and Rework Stations in a Multistage Flexible Flowline", Bangladesh University of Engineering & Technology, 2016.

McKnight K. A., "An Investigation of the Effects of Two Types of Inspector Error on Sampling Inspection Plans", Texas Tech University, 1967.

Rakiman Umol Syamsyul Bin, "Production Line: Effect of Different Inspection Station Allocation under Accepts Reject Inspection Policy", University Tun Hussein Onn Malaysia, 2013.

Rebello Ranjit Thomas, "Location of Inspection Stations on Flow Networks", University of Arizona, 1992.